CIP-Titelaufnahme der Deutschen Bibliothek

Caspari, Tina:
Ein Schloß für unsere Pferde / Tina Caspari. – München :
F. Schneider.

Bd. 6. Wanderritt am langen Zügel. – 1991
ISBN 3-505-04072-X

Hrsg. Helga Wegener-Olbricht

Frankfurter Ring 150 · 8000 München 40

Titelbild, Vignetten und Umschlaggestaltung: Angelika Bachmann
Lektorat: Helga Wegener-Olbricht
Herstellung: Dietmar Schwingenschlögl
Satz: GSK, München, 11° Garamond
Druck: Presse-Druck Augsburg
ISBN: 3-505-04072-X

Tina Caspari

EIN SCHLOSS FÜR UNSERE PFERDE

Wanderritt am langen Zügel

SCHNEIDER BUCH

Inhalt

Cola-Eis und Pellkartoffeln

Die Oberfläche des Sees war so ruhig und glatt, als sei er aus Öl.

Grüngold schimmerndes Olivenöl, dachte Tonja, und zog sich die Turnschuhe von den Füßen. Das Holz des Badestegs glühte fast in der prallen Sonne, dabei hatte der Mai erst begonnen. Selbst die Vogelstimmen klangen matt bei dieser unerwarteten Hitze. Tonja rollte die schweißverklebten und mit Resten von Stroh und Heu durchsetzten Socken über die Zehen ab und schob vorsichtig einen Fuß ins Wasser. Mal sehen, ob es bald warm genug zum Baden war. Die Kälte prickelte auf der Haut. Immerhin – achtzehn, neunzehn Grad konnten es schon sein; wenn das heiße Wetter anhielt, brauchten sie nicht mehr lange zu warten. Tonja schob den zweiten Fuß nach und strampelte kräftig.

„Mann, bist du blöd!“ kam ein empörter Schrei aus dem Schilf. „Mußte das jetzt unbedingt sein?"

„Ben! Ich hatte keine Ahnung, daß du da bist. Was machst du da?"

„Fotografieren, was sonst", grunzte Tonjas älterer Bruder ärgerlich. „Ich wollte diese phantastische Spiegelung der Parkbäume im See reinkriegen. Und da machst du soviel Wind!"

„Wellen!"

„Also Wellen!"

„Tut mir leid, du, ehrlich. Ich höre schon auf. Es wird sich sicher gleich wieder beruhigt haben."

Tonja zog die Füße aus dem Wasser, ergriff Socken und Schuhe, blinzelte herzhaft gähnend in die Sonne und stand auf. Schon seit einer Weile machte sich ein bohrendes Hungergefühl bemerkbar, höchste Zeit, daß es etwas zu essen gab. „Ich sehe mal nach, wie weit Matthias mit dem Kochen ist!"

„Superidee, ich komm schon um vor Kohldampf!" Ben wandte sich erneut seiner Kamera zu.

Doch wenn er gehofft hatte, die Wasseroberfläche hätte sich inzwischen beruhigt, sah er sich enttäuscht. Als hätte Tonja ein geheimes Signal gegeben, erhob sich die Neufundländerhündin Emma vom Rasen und trottete, begleitet von ihrem Sohn Titus, zum See hinunter, um ein erstes Bad zu nehmen. Aufmerksam geworden, folgten den Hunden die Ponystute Nanette, der kleine Esel Sokrates und die beiden Zwergziegen Tosca und Aida. Einer nach dem anderen stakste in das kühlende Naß hinein, plantschte, trank ein paar Schlucke, schlug vergnügt heftige Wellen, daß die Tropfen hoch aufspritzten, so daß Ben mit seiner Kamera fluchtartig den Rückzug antrat.

„Da siehst du, was du angerichtet hast", rief er ärgerlich hinter seiner Schwester her.

„Mach was draus!“ gab Tonja ungerührt zurück. „Das wird das Foto des Jahres! Titel: Eröffnung der Badesaison auf dem Birkenfeldhof!"

Als Tonja über den Rasen zum Haus hinauflief, hörte sie vor dem großen Tor zum Hof mit quietschenden Bremsen einen Wagen halten.

Gleich darauf erschien über ihr im Eßzimmerfenster der hochrote Kopf ihres jüngeren Bruders Matthias. „Verdammter Mist, das hat mir gerade noch gefehlt! Ausgerechnet wenn ich Küchendienst habe!"

„Was ist denn los?“ erkundigte sich Tonja, besorgt, das Essen könne auf dem Fußboden gelandet oder der Herd explodiert sein.

„Tante Marga kommt. Und sie bringt jemanden mit!"

„Tut sie doch immer. Fragt sich nur, ob es diesmal ein junges Kamel, ein Seehundbaby oder ein brasilianischer Ochsenfrosch ist.“

„Nein! Diesmal ist's ein Mensch!"

Matthias war wirklich aufs höchste alarmiert. Er flitzte zurück zur Küche, warf einen Blick in den Hof und kehrte eilig ans Eßzimmerfenster zurück.

„Aber er sieht aus wie ein Ochsenfrosch“, nahm er seine Berichterstattung dort auf, wo er sie abgebrochen hatte. „Dem schmeckt mein Essen sicher nicht.“

„Wieso, was hast du denn gekocht?"

„Cola-Eis. Und Pellkartoffeln. Da können wir uns Salatsoße drüberschütten und Ketchup, hab ich mir gedacht.“

„Sehr originell.“

„Du mußt sie aufhalten, Tonja! Ich will nicht, daß sie als erstes in die Küche latschen!"

„Aha“, sagte Tonja ahnungsvoll. „Schlachtfeld, wie? Gut, ich tue, was ich kann.“

Hinter ihr bog Tante Marga bereits um die Hausecke. „Hallihallo! Da bin ich!“ sang sie, als hätte man seit Stunden auf sie gewartet.

Auch wenn Tante Margas umwerfende Fröhlichkeit Tonja hin und wieder auf die Nerven ging, mußte sie zugeben, daß Paps' große Schwester wie immer hinreißend aussah. Sie trug einen sonnengelben Blazer über einem dunkelblauen Leinen-Overall, und die Schuhe hatten exakt die Farbe der Jacke. Die Frisur war auf eine Art windzerzaust, die die Kunst des besten Friseurs der Stadt verriet, und die Hände waren selbstverständlich perfekt manikürt. Nie im Leben werde ich es schaffen, so gepflegt auszusehen, dachte Tonja.

„Hallo, Kleines, wo sind deine Eltern? Ich möchte ihnen gern jemanden vorstellen!"

Tante Marga schloß Tonja kurz und heftig in die Arme und küßte sie, einmal rechts, einmal links.

„In die Stadt gefahren, sie nehmen an unseren schulfreien Samstagen immer ihren freien Tag“, berichtete Tonja. „Warum hast du nicht vorher angerufen?"

„Siehst du ..., ich wollte es noch tun, und dann stand Rolf schon vor der Tür. Na, macht nichts, er kann sich auf jeden Fall hier mal gründlich umsehen. Dann essen wir mit euch eine Kleinigkeit und zwitschern wieder ab. Was ist, du schaust so komisch?"

„Ach, nichts. Ich fürchte, mehr als eine Kleinigkeit gibt's auch nicht. Matthias hat heute Küchendienst.“

Tante Marga lachte herzlich. „Na, das ist doch das geringste Problem. Ich werde ihm meine Hilfe anbieten. Und du zeigst Herrn Doktor Rinnebach inzwischen euren Hof und erklärst ihm alles. Tust du mir den Gefallen?"

Tonja betrachtete den untersetzten Mann, der jetzt auf sie zukam, mit leichtem Mißtrauen. „Was will er? Alte Pferde bei uns unterstellen?"

Tante Marga zögerte mit der Antwort. „Nun ... nicht gerade Pferde. Es ist auch noch gar nicht sicher. Ich möchte erst mit euren Eltern darüber sprechen."

Er sieht wirklich aus wie ein Ochsenfrosch, dachte Tonja. Aber nicht unsympathisch. Irgendwie lieb.

Eine Schönheit war Rolf Rinnebach tatsächlich nicht. Seine Stirn endete ziemlich weit hinten auf dem Kopf, und die weit auseinanderliegenden Augen schienen aus den Höhlen zu quellen. Der breite Mund zog sich beim Lächeln fast von einem Ohr bis zum anderen, das Kinn darunter war kaum vorhanden.

„Rolf, das ist meine Nichte Antonia Justin, dreizehn Jahre jung und schon eine hervorragende Reiterin und Tierpflegerin."

Der Ochsenfrosch schüttelte Tonja die Hand. „Freut mich sehr! Ich bin riesig gespannt auf euren Hof, Marga hat mir soviel über euch erzählt. Du mußt mir alles genau erklären, ich bin ein richtiger Großstadtmensch, mein Kontakt zur Natur beschränkt sich auf einen Schnittlauchtopf am Küchenfenster."

„Wollen wir mit der Führung gleich anfangen, Herr Ochs...", Tonja verschluckte sich und täuschte einen Hustenanfall vor, „Herr Doktor Rinnebach? Dann schaffen wir es noch vor dem Mittagessen."

„Gern."

„Und ich greife jetzt Matthias unter die Arme!" Tante Marga stapfte davon, und Tonja wandte sich dem Besucher mit der Geste einer professionellen Fremdenführerin zu.

„Werfen wir zunächst mal einen Blick auf das Haus. Es ist ja fast ein kleines Schloß und steht unter Denkmalschutz. Besonders sehenswert sind innen der große Saal und die Bibliothek, die benutzen wir natürlich nur an Feiertagen. Wir wohnen oben. Hier draußen ist vor allem der phantastische Blick über den See bis in die Alpen bemerkenswert. Die Bäume im Park sind zum Teil über zweihundert Jahre alt. Als wir das Haus zum erstenmal sahen, haben wir nicht glauben können, daß wir hier einmal einziehen würden; es hat meine Eltern ganz schön Mut gekostet, das Risiko einzugehen. Der Kaufpreis war zwar günstig, aber wir mußten alles selbst renovieren, um nicht zuviel Geld auszugeben. So ein Gnadenhof für alte Pferde und mißhandelte Tiere wirft kaum etwas ab, wie Sie sich denken können."

„Dein Vater war früher Jurist wie ich, habe ich gehört?"

„Ja, bis sein Herzinfarkt ihn zwang, aufzuhören. Das hat ihn auf die Idee gebracht, diesen Hof zu kaufen. Was da drüben so höllischen Lärm macht, sind unsere Zwingerhunde: ausgesetzte oder herrenlose Tiere oder solche, die besonders gequält worden sind und ihren Herren deshalb weggenommen wurden", berichtete Tonja weiter. „Sie dürfen nur zweimal am Tag eine Stunde frei herumlaufen oder mit uns spazierengehen, damit es nicht ständig zu Auseinandersetzungen kommt. Natürlich bemühen wir uns, für jeden von ihnen so schnell wie möglich einen guten Platz zu finden. Das ist nicht immer leicht; man muß Annoncen aufgeben, Zettelaktionen starten, sich überall umhören – und schließlich die Plätze genau prüfen, um sicherzugehen, daß der Hund es dort auch wirklich gut hat. Bisher ist uns das zum Glück gelungen."

Tonja sah sich den Ochsenfrosch prüfend von der Seite an. Er machte einen lockeren, freundlichen Eindruck, sicher war er keiner von denen, die plötzlich aus der Haut fahren und ihre Wut an anderen auslassen.

„Sie brauchen nicht zufällig einen Hund, Herr Rinnebach?"

Rolf Rinnebach lachte. „Im Moment nicht, aber ich würde mir die Burschen gern einmal ansehen!"

Tonja ging voraus und führte den Gast zu einem kleinen Haus, das von außen einer Blockhütte ähnelte und an das nach allen Seiten hin Zwinger angebaut waren. Die derzeitigen Insassen hatten sie längst bemerkt und mit entsprechendem Kläffkonzert versucht, auf sich aufmerksam zu machen. Der Ochsenfrosch ging in die Knie und nahm sofort das Gespräch mit einem jungen Beagle auf, der versuchte, ihm durch den Maschendraht hindurch hingebungsvoll das Gesicht abzulecken.

„Ja, der würde gut zu Ihnen passen", stellte Tonja fest und ließ den jungen Rüden kurzerhand heraus. Gleich darauf kugelten Ochsenfrosch und der Beagle ineinander verknäuelt über den Rasen.

„Wir haben ihn im letzten Moment davor bewahrt, als Versuchstier in einem Labor zu enden. Er ist seit drei Tagen bei uns", erklärte Tonja. „Er hat noch keinen Namen. Vielleicht fällt Ihnen einer ein?"

Der Ochsenfrosch rappelte sich auf und betrachtete den hübschen jungen Hund mit offensichtlichem Entsetzen bei dem Gedanken, welches Schicksal ihm bestimmt gewesen war. Tonja beschloß, den Rest der Überzeugungsarbeit dem Beagle zu überlassen.

„Dieses hübsche Hundehaus hat übrigens Bruno gebaut, er ist einer unserer Helfer auf dem Hof. Von Beruf war er mal Schreiner, später dann Landstreicher – und das ist er immer noch. Man weiß nie genau, ob er nicht plötzlich verschwunden ist und erst nach Wochen wieder auftaucht. Gehen wir zu den Pferdeställen hinüber?"

„Gern!“ Der Ochsenfrosch versuchte vergeblich, den Beagle davon zu überzeugen, daß seine Hosenbeine nicht eßbar waren und auch eigentlich nicht dazu gedacht, zu Putzwolle verarbeitet zu werden. „Wie viele Helfer habt ihr hier auf dem Hof? Ich meine, festangestellte.“

„Nur zwei. Leo war früher Buchhalter in Paps’ Büro. Er ist ein richtiger Aussteiger und dick befreundet mit Bruno, dem anderen, obwohl die beiden so verschieden sind wie Feuer und Wasser. Dann ist da noch das Ehepaar Kaminski; sie lebten schon auf dem Hof, bevor wir kamen. Vater Kaminski ist ein echter Profi im Umgang mit Pferden. Und von Mutter Kaminski hat Mam alles gelernt, was sie über Gartenbau und Geflügelzucht wissen mußte.“

„Und das sind alle?"

„Na ja, wir sind schließlich auch noch da. Meine Brüder Ben und Matthias und ich. Und manchmal kommen uns die Veitsfeldener zu Hilfe. Das sind die Jugendlichen aus dem Reitverein im Nachbarort. Erst mochten sie uns nicht, aber jetzt sind wir dick befreundet.“

„Das ist nicht gerade viel für diesen riesigen Betrieb“, stellte Rinnebach nachdenklich fest.

„Eine Masse Arbeit ist es schon. Aber es macht auch jede Menge Spaß.“

Sie waren vor dem Pferdestall angekommen, und Tonja ließ ihren Gast eintreten. „Hier stehen unsere aktiven Reitpferde. Die Gnadenhofpferde wohnen nebenan. Jetzt sind sie natürlich alle auf der Koppel draußen. Hier drinnen sind die, die heute nachmittag noch arbeiten müssen, danach dürfen sie auch für ein paar Stunden raus. Das hier ist unser Star, Fernando, er gehört Albrecht Könkemeyer..., dem bekannten Turnierreiter“, fügte Tonja hinzu, da der Ochsenfrosch diesen Namen offensichtlich noch nie gehört hatte. „Diese hübsche Rappstute heißt Balalaika, sie gehört Paps. Trakehner.“

Der Ochsenfrosch nickte gehorsam und trat an die nächste Box heran.

„Merlin“, las er auf dem Schild, „geboren 1983. Sein Fell glänzt wie Bronze, ein schönes Tier.“

„Den reite ich“, erklärte Tonja stolz. „Daneben, der Braune, ist Yussuf. Und das ist Paulchens Box. Ein Pony, Schimmel mit Blümchenmuster sagen wir immer, weil er ewig dreckig ist. Paulchen ist mit den Isländern auf der hinteren Koppel, und mit Pirat, unserem einäugigen Fohlen. Hat Tante Marga Ihnen die schreckliche Geschichte von Pirat erzählt?"

„Ich glaube nicht. Ach wie hübsch das gesprenkelte Pferd da! Solche sieht man sonst nur auf dem Jahrmarkt!"

„Oder im Zirkus. Da kommt Gipsy auch her. Wir sind sehr froh, daß sie bleiben durfte und nicht mehr so hart arbeiten muß. Gehen wir auf die Koppel hinaus?"

Doch der Ochsenfrosch war bereits wieder mit dem Beagle beschäftigt, der ihn am Weitergehen hinderte, indem er sich – alle vier Pfoten gen Himmel gestreckt – auf seine Schuhe legte und den Besucher wedelnd aufforderte, ihm den Bauch zu kraulen.

„Ich werde ihn Duke nennen. Duke Ellington ist mein Lieblingsmusiker."

„Das heißt, Sie behalten ihn?"

„Nein, nein! Das heißt ... nun, ich brauche Bedenkzeit. Sollten wir jetzt nicht ins Haus gehen?"

Es war offensichtlich, daß der Ochsenfrosch an Pferden nicht sonderlich interessiert war und Anzeichen erster Erschöpfung zeigte. So verzichtete Tonja auf das weitere Programm, wies auf dem Gang über den Hof nur noch auf die Bedeutung der einzelnen Gebäude hin, zeigte auf das Häuschen der Kaminskis neben dem Tor, das Gesindehaus, das im rechten Winkel an das Wohnhaus anschloß und dessen Holzbalustrade jetzt mit frisch bepflanzten Blumenkästen besonders hübsch aussah. Dann stiegen sie in den ersten Stock hinauf.

Lord, der alte Spaniel, empörte sich über das Eindringen des Beagles in sein Revier und fuhr ihn knurrend an. Vom Geländer her fauchte Sabrina, die rauchgraue Katze.

Tonja beruhigte die beiden, so gut es ging, und stellte sie dem Gast vor. „Wir haben natürlich noch mehr Katzen. Jeronimo, Himmelspfote, ihre Tocher Josephine und Franz-Joseph, den Stallkater."

„Natürlich", murmelte der Ochsenfrosch und brachte den Beagle vor Sabrinas Krallen in Sicherheit, indem er ihn kurzentschlossen auf den Arm nahm.

Tonja öffnete die Tür zum Eßzimmer. „Setzen Sie sich mit ihm hier rein, ich sperre die anderen aus. Sicher ist das Essen gleich fertig. Aber machen Sie sich keine zu großen Hoffnungen, heute hat mein Bruder Matthias Küchendienst. Ich weiß nicht, ob Tante Marga da etwas retten konnte!"

„Was soll's denn geben?"

„Pellkartoffeln. Und Cola-Eis. Selbstgemacht."

Der Beagle wedelte freudig.

„Oh, das ist ganz in Ordnung. Duke meint, uns schmeckt das."

Roter Teppich für ein Pferd

„Es hat ihm tatsächlich geschmeckt", berichtete Tonja, als sie am Abend mit den Eltern noch einen Rundgang durch den Park machten. „Er hat sich ein Viertelpfund Butter und den ganzen Emmentaler, den Tante Marga aufgeschnitten hatte, auf die Kartoffeln gepackt. Ich habe noch nie in meinem Leben einen Menschen so futtern sehen!"

„Tante Marga muß das gewußt haben", erzählte Matthias vergnügt. „Sie hat gleich die dreifache Menge Kartoffeln gekocht. Ich möchte bloß wissen, was der bei uns gewollt hat."

„Er hat sich den Hof zeigen lassen, aber an Pferden ist er nicht so besonders interessiert, das steht mal fest. Als ich mit ihm auf die Koppel wollte ..."

„Mich hat er genau über die verschiedenen Arbeiten ausgefragt, die wir hier täglich ausführen müssen", unterbrach Ben seine Schwester. „Wann wir aufstehen, was es in den Ställen und im Gelände so zu tun gibt, wie die Tiere gepflegt werden, und ob jeder auf dem Hof reiten können muß!"

„Du lieber Himmel, er wird doch nicht hier einziehen und helfen wollen?" Mam sah ihren Ältesten erschrocken an.

„Und Tante Marga hat nichts über ihren Begleiter verlauten lassen?" erkundigte sich Jürgen Justin und bückte sich zu einer zierlichen Häuschen-Schnecke, um sie vom Weg ins sichere Gebüsch zu setzen.

„Kein Wort. Sie wollten das mit euch besprechen!"

„Am besten, ich rufe sie gleich mal an."

Sie gingen gemeinsam zum See hinunter und bewunderten schweigend das Farbenspiel, das der Abendhimmel auf die Wasseroberfläche zauberte: tanzende Schleier in Purpurrot, Lila und Indigoblau. Hier und da sprang mit leisem Klatschen ein Fisch nach einer Mücke. Die Entenfamilie kehrte nach einem langen Tagesausflug ins Schilf zurück.

Jürgen Justin legte seiner Tochter den Arm um die Schultern. „Schön ist es bei uns. Hab ich recht, mein Kleines?"

„Der schönste Platz auf der Welt."

„Und alles in allem war's doch ein guter Tag", murmelte Matthias. „Tante Margas Überredungskünste haben sich mal wieder bewährt. Duke ist weg."

„Wer ist Duke?"

„Der Beagle, Paps! Der Ochsen..., ich meine, der Doktor Rinnebach hat sich mit ihm angefreundet, und dann hat Tante Marga ihm den Rest gegeben. Dem Ochsenfrosch, nicht dem Beagle. Ich meine, sie hat so lange auf ihn eingequatscht, wie wichtig das für einen Menschen wie ihn ist, einen Hund zu haben, wegen der Gesundheit und der Disziplin, und damit er nicht so allein ist ... Am Schluß konnte er ihn gar nicht dalassen."

Jürgen Justin seufzte. Hoffentlich gab es da keine Reklamationen! Nun, dieser ominöse Dr. Rinnebach würde sich ja ohnehin bei ihm melden und sagen, was er auf dem Herzen hatte. Dann würde er ihn noch einmal auf Ehre und Gewissen fragen, ob er sich wirklich in der Lage fühlte, für einen Hund zu sorgen. Sie überprüften sowieso jeden Platz, wenn sie eines ihrer Tiere vermittelten.

Als sie ins Haus zurückkamen, klingelte das Telefon Sturm. Aber es war nicht der Ochsenfrosch, wie Tonja vermutete. Paps blinzelte ihr schmunzelnd zu. Tonja spitzte die Ohren, konnte aber von weitem die Stimme nicht erkennen.

„Selbstverständlich paßt es uns, wir freuen uns auf sie. Auf Sie beide! Besonders Tonja kann's kaum erwarten. Ja, morgen nachmittag, ist in Ordnung. Wir werden den roten Teppich ausrollen für Ihre königliche Hoheit. Also, bis morgen dann!"

„Wer war das?" bedrängte Tonja ihren Vater.

„Nun, ich denke, es reicht, wenn du das morgen erfährst. Das erhöht die Spannung."

„Paps, du bist gemein. Für wen sollen wir den roten Teppich ausrollen? Welchen roten Teppich überhaupt?"

Der Vater lachte. „Ach, das war nur so eine Redensart. Ich wollte damit ausdrücken, daß ganz besonders edle, kostbare Pferde bei uns auch einen besonderen Empfang zu erwarten haben. Na? Kommst du nicht darauf? Wen erwartest du sehnsüchtig? Und wenn nicht ihn, dann seine Briefe!"

„Albrecht? Albrecht Könkemeyer kommt?"

„Er bringt uns sein Fohlen Felizitas zur weiteren Aufzucht. Wie besprochen."

Tonja machte einen Luftsprung vor Freude. Dann raste sie zu den Brüdern hinauf, die sich in ihren Zimmern gerade an ihre Hausaufgaben machten. Tagsüber gab es auf dem Hof so viel zu tun, daß die Schulbücher meistens bis zum Abend warten mußten, auch wenn Mam regelmäßig dagegen protestierte.

Tonja donnerte gegen die beiden Türen und trompetete, es gäbe eine tolle Sensation zu verkünden: Ankunft Ihrer königlichen Hoheit Prinzessin Felizitas und ihres zukünftigen Meisters und Lehrers Albrecht Könkemeyer. Die Reaktionen waren unterschiedlich.

Zuerst erschien Bens Kopf im Türspalt. „Könkemeyer kommt? Ist ja stark! Hoffentlich hat er ein bißchen Zeit, damit wir mit ihm einen Ausritt machen können."

Jetzt ließ sich auch Matthias blicken. „Der bringt sein Fohlen zu uns? Mann, da müssen wir ja eine Extrabox herrichten. Und das am Sonntag! Ich wollte morgen mal ausschlafen."

„Um die Box brauchst du dich nicht zu kümmern. Das mache ich schon allein!"

Kein Zweifel, bei den Brüdern war die Begeisterung

nicht halb so groß wie bei Tonja. Sie hatte das Gefühl, ihre Freude unbedingt sofort mit jemandem teilen zu müssen. Steffi! Sie würde ihre Freundin Steffi in Veitsfelden anrufen; die war die einzige, mit der Tonja über ihren Schwarm sprechen konnte, ohne ausgelacht zu werden.

Sie hatte sich nicht getäuscht.

Steffi stieß einen lauten Schrei aus. „Ist ja irre! Du, es macht euch doch nichts aus, wenn ich am Nachmittag zu euch rüberreite? Ich möchte ihn wahnsinnig gern kennenlernen! Glaubst du, er hat etwas dagegen, sich meine Yasmina mal anzusehen? Meinst du, ich darf ihm was vorreiten? Sicher mache ich vor Lampenfieber einen Patzer nach dem anderen!"

„Nun", sagte Tonja gedehnt, „ich habe natürlich keine Ahnung, wieviel Zeit er hat. Meistens muß er gleich wieder zu irgendeinem Termin. Aber rüberkommen kannst du ja auf jeden Fall mal. So gegen halb drei, ja?"

„Ich stehe pünktlich auf der Matte, darauf kannst du dich verlassen. Ciao, Tonja!"

„Ciao. Bis morgen!"

Tonja ging in ihr Zimmer hinauf und setzte sich an ihren Schreibtisch. Draußen war es inzwischen fast dunkel. Gegen den Draht des Fliegengitters, das Paps vor ein paar Tagen eingesetzt hatte, damit sie auch bei Lampenlicht das Fenster weit öffnen konnte, brummten dicke Insekten. Nachtfalter krabbelten mit schwirrenden Flügeln, vom Licht magisch angezogen, hin und her. Josephine, die wenige Monate alte schwarze Kätzin, saß auf dem Fensterbrett und versuchte von der Innenseite her die surrenden, zappelnden Geschöpfe mit der Pfote zu erwischen. Zum

Glück war der Draht fein wie ein Haarsieb, nicht einmal die Krallen konnten ihn durchdringen.

Tonja holte ihr Physikbuch heraus und versuchte, sich auf den Stoff für die nächste Stunde zu konzentrieren. Vergeblich: Der Gedanke an den morgigen Tag holte sie immer wieder ein. Schließlich stand sie auf, ging zu ihrem Bett hinüber und griff – vorsichtig am Kopf ihrer schlafenden dreibeinigen Katze Himmelspfote vorbei – in ihr Versteck, um das kleine Foto herauszuziehen, das Albrecht Könkemeyer, den berühmten Turnierreiter, bei einer Siegerehrung zeigte.

Wie konnte sie es nur anstellen, daß sie ihn eine Weile für sich allein hatte? War es nicht ein Fehler gewesen, Steffi einzuladen? Andererseits genoß sie den Gedanken, Steffi zu zeigen, wie vertraut sie mit ihrem Idol war. Außerdem war Steffi nun mal ihre beste Freundin, und es wäre gemein gewesen, sie auszuschließen.

Und wenn Albrecht sich nun die ganze Zeit mit Steffi beschäftigte? Wenn Steffi ihn so mit Beschlag belegte, daß sie selbst gar nicht zum Zuge kam? Nein, Steffi war nicht der Typ, der jemanden hemmungslos anmachte, sie war ein richtig guter Kumpel und würde sich niemals gewaltsam in eine Freundschaft drängen. Wesentlich größer war die Sorge, ob ihr berühmter Freund überhaupt Zeit haben würde, sich in Birkenfeld aufzuhalten. Vielleicht lud er das Fohlen aus und fuhr sofort weiter?

Von diesen Sorgen geplagt, beschloß Tonja, die Hausaufgaben auf den nächsten Abend zu verschieben und schlafen zu gehen. Sie mußte morgen früh aufstehen. Die Box für das Fohlen sollte in tadellosem Zustand sein, und für die Namenstafel wollte sie sich auch etwas Besonderes ausdenken. Im Nachdenken darüber schlief sie ein.

Tonja erwachte, noch bevor der Wecker klingelte. Noch halb im Schlaf durchzuckte sie ein Gedanke: der rote Teppich! Was Paps im Scherz gesagt hatte, würde sie als Überraschung in die Tat umsetzen. Sie wußte, daß es auf dem Speicher noch einen Teppichrest aus ihrem früheren Haus gab, der sich großartig dafür eignete. Er war ziemlich abgetreten, und Mam hatte ihn eigentlich wegwerfen wollen, es dann aber doch nicht getan, da man – wie sie meinte – so etwas immer wieder zum Auslegen von Hundehütten oder Abdichten von Käfigwänden gebrauchen konnte. Gegen diese Zweckentfremdung würde sie sicher nichts einzuwenden haben.

Eigentlich sollten sie auch eine kleine Einstandsparty geben. Ob die Eltern damit einverstanden wären? Tonja war ziemlich sicher. Auf dem Birkenfeldhof ließ man keine Gelegenheit für ein Fest aus, was immer auch der Anlaß war. Leo, Bruno und die Kaminskis waren bestimmt leicht zu überreden, vielleicht konnten sie auch etwas beisteuern.

Zehn Minuten später betrat Tonja den Stall. „Morgen, Vater Kaminski!"

„Morgen! Na, du schlägst ja heute alle Rekorde. Hab's mir fast gedacht, als ich von unserem Neuzugang hörte, daß dir das den Schlaf rauben würde", neckte sie der alte Mann.

Tonja ließ sich nicht davon beeindrucken. „Welche Box bekommt Felizitas?"

„Erst mal gar keine. Herr Könkemeyer möchte, daß sie

weiter in der Herde bleibt. Er glaubt, das wäre besser für ihre Entwicklung. Die Pferde werden robuster, wenn man sie unter natürlichen Bedingungen aufwachsen läßt, meint er. Recht hat er."

Tonja machte ein langes Gesicht. „Aber so ein wertvolles Pferd! Wenn sie nun von den anderen getreten oder gebissen wird!"

„Das Risiko geht er ein. Was glaubst du denn, warum der seine Pferde zu uns stellt! Weil er weiß, daß wir sie richtig behandeln."

„Na ja, das sehe ich ja ein. Schade, ich hatte mir so was Schönes ausgedacht!"

„Und was ist das?"

Vater Kaminski gab der blitzblank geputzten Stute Balalaika, seinem erklärten Liebling, einen auffordernden Klaps, und sie kehrte in ihre Box zurück. Während Tonja Merlin herausholte und im Putzstand anband, erzählte sie dem alten Mann von ihrem Plan.

„Na, das wird wohl trotzdem zu schaffen sein. Da legen wir den Teppich eben vom Hof in den Laufstall. Und gleich daneben bauen wir einen Tisch mit Gläsern und Getränken auf – für einen feierlichen Umtrunk zum Willkommen für die edle Dame. Im Feiern sind wir doch Profis, hab ich recht?"

„Und ob! Sie sind ein echter Schatz, Vater Kaminski", sagte Tonja erleichtert. „Wenn Bruno und Leo wach sind, muß ich sie gleich um ihre Hilfe bitten."

Der alte Kaminski grinste breit. „Na, da wirst du dich wohl bis zum Mittagessen gedulden müssen. Die hatten mal wieder 'ne schwere Nacht unten im Dorf. Kamen irgendwann im Morgengrauen zurück ... mächtig in Stimmung."

„Armer Leo. Da hat Bruno ihn wieder verführt! Um den Brummschädel beneide ich ihn nicht."

Tonja putzte Merlin, dann Fernando, Pirat und Gipsy, und half Vater Kaminski die Isländerherde, die nun schon zwei Fohlen mitführte, auf die Koppel zu bringen. Normalerweise hätten sie die Herde nachts im Freien lassen können, aber da es immer wieder zu Pferdediebstählen kam, gingen sie das Risiko nicht ein.

Danach kamen die Gnadenhofpferde dran. Sie wurden besonders liebevoll versorgt und täglich untersucht, ob alle sich wohl fühlten, keines Lahmheit zeigte, tränende Augen oder eine Schürfwunde hatte.

Den ganzen Vormittag war Tonja damit beschäftigt, Ställe und Hof für den Besuch auf Hochglanz zu bringen. Ben und Matthias halfen ihr dabei; sie schleppten den roten Teppich ungesehen vom Speicher und stellten einen Tisch neben der Stalltür auf, während Tonja den Eingang mit Wiesenblumensträußen und bunten Bändern schmückte. Schließlich hatte Paps selbst gesagt, daß ein ganz besonderes Pferd auch eine ganz besondere Begrüßung bekommen müsse. Steffi erschien eine Stunde früher und half Tonja, Gläser, Getränke und ein paar Leckereien bereitzustellen. Es sah richtig festlich aus.

„Wenn er kommt und den Anhänger vor dem Stall parkt, müssen wir blitzartig den roten Teppich ausrollen", sagte Tonja, deren Herz von Minute zu Minute schneller schlug. „Hier habe ich noch ein paar Blumen übrig, die streuen wir auf den Teppich. Hoffentlich findet er das nicht albern ...", unterbrach sie sich erschrocken. „Ach was, ich erkläre ihm, daß es ein Scherz sein soll!“

Eher als sie gedacht hatten, fuhr der Wagen mit dem Transporter in den Hof. Die Eltern waren gerade aus dem Haus gekommen, um nach dem Rechten zu sehen. Ben hatte es übernommen, den Gast an die vorgesehene Stelle zu lotsen, und der Transporter kam genau vor dem geschmückten Eingang des Laufstalles zum Stehen.

Steffi und Tonja rollten in Windeseile den Teppich aus und verstreuten hastig die Blumen darauf, während die Eltern Albrecht Könkemeyer begrüßten. Sekunden später stand Tonja mit hochrotem Kopf vor ihrem Idol.

„Tonja! Meine kleine Freundin, laß dich umarmen! Du hast mir so witzige und interessante Briefe geschrieben, daß ich immer ganz ungeduldig auf die Post warte, um die Neuigkeiten vom Birkenfeldhof zu erfahren!“

„Oh, wirklich? Super“, stammelte Tonja und hoffte inständig, daß Steffi Albrecht Könkemeyers Umarmung mitbekommen hatte. Aus den Augenwinkeln beobachtete sie, wie Steffi bewundernd zu dem bekannten Reiter aufschaute.

Der hatte gerade den roten Teppich entdeckt und begann herzlich zu lachen. „Also, so was! Das war doch sicher deine Idee, Tonja. So bin ich noch nirgends empfangen worden! Felizitas, ich hoffe, du erweist dich dieser Ehre würdig. Man erwartet offensichtlich Großes von dir.“

Vater Kaminski und Ben hatten inzwischen die Klappe des Transportanhängers geöffnet und waren dabei, das Fohlen auszuladen. Was da jetzt struppig und mit staksigen Beinen auf dem blumenübersäten Läufer stand, war alles andere als eine Schönheit. Das dunkelbraune Stutfohlen erinnerte höchstens mit ihrem lebhaften Ohrenspiel und der freudigen Aufmerksamkeit, mit der sie ihre neue Umgebung studierte, an ihren berühmten Bruder Fernando.

„Na ja", sagte Albrecht Könkemeyer, als hätte er Tonjas Gedanken gelesen. „Da soll natürlich erst mal ein Pferd draus werden. Vorerst sieht sie aus wie ein zu schnell gewachsener Teenager. Aber seht mal her!"

Er nahm das Fohlen am Halfter und lief eine Runde mit ihm um den Hof. Die kleine Stute ließ sich willig führen, schritt aber so kräftig und sicher aus, daß ihr Besitzer Mühe hatte, mitzuhalten.

„Toll, der Schwung!" lobte Tonja, und die anderen pflichteten ihr bei. „Da sieht man gleich, was in ihr steckt!"

Albrecht Könkemeyer führte Felizitas auf den roten Teppich zurück und stellte sich neben ihr in Positur. „Ben, mein Freund, du enttäuschst mich", sagte er scherzhaft. „Ein roter Teppich und kein Pressefotograf? Der denkwürdige Tag muß doch für die Nachwelt dokumentiert werden!"

Tonja biß sich auf die Lippen. Daß sie daran nicht gedacht hatte! Das war doch die Chance, endlich ein gutes Foto ihres berühmten Reiterfreundes zu bekommen! Doch Ben war schon unterwegs. Als er kaum zwei Minuten später zurückkam, hatte Felizitas den roten Teppich zu einem Knäuel zusammengeschoben und den größten Teil der Blüten verzehrt. Zum Glück bot sich das mit Blumensträußen geschmückte Tor als ebenso gute Kulisse an. Paps schenkte Sekt und Saft aus, was Leo und Bruno, die etwas schläfrig die Ankunft des Fohlens von weitem verfolgt hatten, sofort hellwach machte. Tonja und Steffi brachten den

Teppich wieder in die richtige Lage und damit Ben auf den Gedanken, die gesamte Ankunft noch einmal ablaufen zu lassen und eine Fotogeschichte daraus zu machen.

Aber da protestierte die Mutter. „Die arme Felizitas noch einmal in den Transporter verladen? Kommt nicht in Frage! Das hättest du dir früher überlegen müssen."

„Warte!" tröstete ihn Albrecht Könkemeyer. „Ich werde dir noch ein schönes Motiv bieten!"

Er reichte Tonja den freien Arm und zog mit ihr und Felizitas feierlich in den Stall ein.

Ben knipste dann doch noch einen ganzen Film ab: Das von Gläserklingen begleitete Hochleben-Lassen des Neuankömmlings, Bruno, der mit unglaublicher Geschicklichkeit von den anderen unbemerkt eine Sektflasche für sich und Leo auf die Seite brachte, Könkemeyer in fachmännischem Gespräch mit Kaminski und Paps neben dem Fohlen, das nach seinem Sektglas schnappte, Tonja, die mit Steffis Hilfe den roten Teppich zusammenrollte ..., sie alle boten ausreichend reizvolle Motive.

Schließlich wurde auch Steffi nicht enttäuscht. Tonja, beflügelt durch diesen gelungenen Empfang, stellte sie ihrem Freund vor. „Albrecht, das ist meine beste Freundin Steffi, von der ich dir schon in meinen Briefen erzählt habe. Sie möchte dir so gern ihr Pferd zeigen und dir vorreiten, wenn du Zeit genug hast."

„Tag, Steffi. Ich freue mich, dich jetzt persönlich kennenzulernen. Selbstverständlich möchte ich dich auf Yasmina sehen. Und Tonja soll mir meinen Fernando präsentieren. Wenn ihr wollt, könnt ihr gleich aufsatteln. Viel Zeit habe ich leider nicht."

Damit war nicht nur für Tonja, sondern auch für Steffi das Maß des Glückes voll. Albrecht Könkemeyer beschäftigte sich eine halbe Stunde aufmerksam und kritisch mit ihrem reiterlichen Können und gab ihnen wertvolle Tips.

Schließlich klatschte er in die Hände. „So, meine Lieben, das war's. Ich muß mich wieder auf den Weg machen."

„Schon?" fragte Tonja gedehnt. „Ich habe gehofft, du könntest noch zum Abendbrot bleiben!"

Albrecht Könkemeyer trat zu ihr heran. „Geh mit Fernando noch ein bißchen ins Gelände. Nur im Schritt. Er ist in einer großartigen Verfassung, die Zeit bei euch hat ihn gut in Form gebracht. In zwei Wochen komme ich und hole ihn mir zurück. Dann nehme ich mir ein bißchen Zeit, das verspreche ich dir. Wenn es deinen Eltern recht ist, bleibe ich vielleicht sogar über Nacht. Dann haben wir viel Zeit zum Reden."

„Ehrlich? Spitze! Fernando, hast du das gehört? In Zukunft werden wir dich wieder nur im Fernsehen bewundern können."

„Oder auf Turnieren, wenn du uns besuchen kommst."

Tonja strahlte. „Oder auf Turnieren."

Lange Gesichter

Bei so guten Aussichten mußte man ja strahlende Laune haben. Tonja ging die Arbeit im Stall und auf dem Hof so leicht von der Hand wie nie zuvor. Sogar in der Schule war es ihr, als flögen ihr die Gedanken nur so zu und müsse sie von Sieg zu Sieg schreiten. Es gab gute Noten und zu Hause Anerkennung für vorzügliches Arbeiten. Doch irgendwann wird auch der schönste Sommerhimmel einmal von ein paar dunklen Wolken getrübt.

Noch ahnten die drei Justin-Kinder nicht, was auf sie zukam. Tonja hatte heute eine besondere Aufgabe: Kaufinteressenten für die Stute Laurenzia das Pferd ihrer Wahl vorzustellen. Es war ein freundliches Ehepaar, das schon einen vierzehnjährigen Wallach besaß und ein ruhiges, leichtrittiges Freizeitpferd zu ihm suchte. Für Laurenzia, die Schweißfuchsstute mit dem ausdrucksvollen Kopf, die durch Dr. Mosners Behandlung und die liebevolle Pflege auf dem Birkenfeldhof von ihrer Entzündung im Rückgrat völlig genesen war, war es genau der richtige Platz. Frau May, ihre künftige Reiterin, hatte ausdrücklich betont, sie würde gern ein Pferd nehmen, das ein schweres Schicksal hinter sich und Bedarf an spezieller Pflege hatte. Sie arbeitete aktiv für den Tierschutz und beherbergte mehrere ehemals ausgesetzte Hunde und Katzen in ihrem Haus.

Der Handel war perfekt. Laurenzia zeigte sich in bester Verfassung und bot weit mehr, als die Mays erwartet hatten. Während das Ehepaar zu Paps ins Büro hinaufging, um die nötigen Formalitäten zu erledigen, brachte Tonja die Stute in ihre Box zurück. In wenigen Tagen sollte sie abgeholt werden. Die Stute blieb zum Glück in der Nähe; Tonja würde Laurenzia besuchen dürfen, wann immer sie Lust dazu hätte. Liebevoll versorgte sie die Stute und ließ sie anschließend in den kleinen Paddock neben dem Stall, damit die Mays sich noch von ihr verabschieden konnten. Dann sattelte sie Merlin auf und kehrte mit ihm zum Dressurplatz zurück.

Sie war so vertieft in die Arbeit, daß sie erst beim drittenmal hörte, wie der Vater nach ihr rief. Tonja parierte Merlin zum Schritt durch und ritt auf den Hof hinüber. Vermutlich wollten sich die Mays auch von ihr noch einmal verabschieden.

Doch von dem Ehepaar war keine Spur mehr zu sehen, sie waren längst auf dem Heimweg. Auch daß Paps so ein ernstes Gesicht machte, hatte – wie er beteuerte – nichts mit den Käufern von Laurenzia zu tun. Die hatten auf den niedrigen Kaufpreis noch eine kräftige Spende draufgepackt.

„Wir müssen mal wieder eine allgemeine Krisensitzung abhalten“, rief Paps ihr zu, schon auf dem Weg zum Haus der Kaminskis. „Sei so lieb und hilf Mutter, unten auf der Terrasse den Kaffeetisch für alle zu decken: uns fünf, Leo, Bruno, Herrn und Frau Kaminski und den Pfarrer.“

„Der Pfarrer kommt auch? Ist etwas passiert?“ erkundigte sich Tonja erschrocken.

„Nein, nein! Ein neues Projekt ...“ Mit diesen Worten verschwand der Vater im Flur der Kaminskis und ließ Tonja mit einem bohrenden Gefühl der Unruhe zurück.

Eine halbe Stunde später versammelten sich alle um den großen runden Tisch auf der Terrasse. Es saß sich gut hier bei dem heiteren, aber nicht zu warmen Wetter, mit dem Blick auf die weite Fläche des Sees, den Wald und die Berge dahinter. Ein leichter Wind wehte den Duft von Waldmeister herüber, der in dichten Büscheln unter den Parkbäumen jenseits der Auffahrt wuchs.

Mam hatte frischen Rhabarberkuchen mit einer dicken Streuselschicht beigesteuert, um die Gemüter friedlich zu stimmen, und Paps hütete sich, gleich mit der Tür ins Haus zu fallen.

Er wartete, bis sich alle – fürs erste gesättigt – zufrieden in ihren Stühlen zurücklehnten. „Ja“, begann er schließlich, „diesmal haben wir es mit einer recht außergewöhnlichen Bitte zu tun. Ihr erinnert euch an Margas letzten Besuch ...“

„Ich wußte doch, daß da noch was im Busch war!“ flüsterte Matthias Tonja zu.

„Klar, ein Ochsenfrosch. Sag bloß, der will seinen Urlaub hier verbringen!“ platzte Tonja heraus.

„Also, dazu brauchten wir wohl kaum eine Krisensitzung einzuberufen“, wehrte Ben ab.

„Kinder, nun laßt euren Vater erst einmal zu Wort kommen“, brummte Pfarrer Franziskus Muggenberger, der offensichtlich schon mehr wußte als sie selbst.

„Eben!“ Jürgen Justin reckte die Schultern. „Dieser Freund eurer Tante Marga, Rolf Rinnebach, ist von Beruf Jugendrichter. Tante Marga hat ihm vom Birkenfeldhof vorgeschwärmt, und das brachte ihn auf die Idee, sich hier einmal umzusehen. Immer wieder muß er nämlich über Jugendliche urteilen, die seiner Meinung nach nur der richtigen Umgebung bedürften, um nicht noch einmal straffällig zu werden. Menschen, an denen sie sich orientieren können, Aufgaben, die ihnen helfen, längst verschüttete Fähigkeiten und Träume wiederzufinden und in die Tat umzusetzen. Bisher hat er solchen Jugendlichen meistens auferlegt, den Schaden selbst wiedergutzumachen, mutwillig zerstörte Sachen wieder zu reparieren, Geschädigten in ihrer Freizeit zu helfen. Oder sie mußten in einem Altenheim aushelfen, für alleinstehende alte Leute einkaufen gehen, Kindern im Krankenhaus vorlesen und was es dergleichen an Aufgaben gibt. Aber nur selten hat das dazu geführt, daß sie ihre Einstellung gegenüber ihrer Umwelt, ihren Mitmenschen geändert haben. Kindern, die sich von den eigenen Eltern alleingelassen oder nicht verstanden fühlen und ihre Verzweiflung darüber in Straftaten austoben, werden nicht automatisch geheilt, wenn man sie mit anderen Alleingelassenen zusammensteckt. Wenige entdecken da ihre Fähigkeit zu Mitleid, zu Solidarität. Andere fühlen sich nur in ihren Fehlurteilen bestätigt. Das hat Rolf Rinnebach auf den Gedanken gebracht, solchen Jugendlichen einen Hilfsdienst auf dem Birkenfeldhof als Strafe aufzuerlegen."

Tonja war vor Empörung blaß geworden. „Du willst doch nicht unseren, aus den Händen solcher Typen geretteten Tieren genau diese Typen als Pfleger zumuten!"

„Sie würden ja nichts ohne Aufsicht tun, Tonja", versuchte Felizitas Justin ihre aufgebrachte Tochter zu beruhigen. „Sie würden mit euch zusammenarbeiten. Unter eurer – und unserer – Anleitung."

„Und das, glaubst du, lassen die sich gefallen? Wenn ihr hinschaut, werden sie die Unschuldsengel spielen, und hinter eurem Rücken stecken sie uns hier vielleicht die Bude über dem Kopf an, nur weil wir vom Leben besser behandelt worden sind als sie!"

„Es sind ja keine schweren Kriminellen", begütigte der Pfarrer.

„Grober Unfug genügt doch schon, um hier alles durcheinanderzubringen!" widersprach Ben. „Ich bin dagegen."

3 4072-8

„Und wenn sie dann ihre Strafe verbüßt haben, hetzen sie uns ihre ganze Clique auf den Hals, damit die bei uns auf den Putz hauen. Ich bin auch dagegen!" ereiferte sich Matthias.

Anna Kaminski sah die drei Geschwister nachdenklich an. „Ich bin erstaunt, daß ihr euch so wenig zutraut. Ich hätte gemeint, jeder von euch hätte das Zeug, einem Gleichaltrigen, der bisher im Leben wenig Freude gefunden hat, zu zeigen, daß es sich lohnt, hier auf dieser Erde zu sein. Daß es auch für sie Aufgaben gibt, die eine Menge Spaß machen, und Menschen, auf die sie sich verlassen können und die ihnen zuhören und helfen, wenn sie Probleme haben!"

Die alte Frau hatte sich so in Begeisterung geredet, daß ihr Gesicht glühte. Tonja, Ben und Matthias schwiegen betreten.

„Wir zum Beispiel", fuhr Mutter Kaminski fort, „könnten sie beherbergen und verköstigen. Und ich wette mit euch, daß sie nicht das Haus auf den Kopf stellen."

„So viele? Das können sie doch gar nicht", sagte Tonja zögernd.

„Wer sagt, daß es viele sind?" Paps mogelte sich ein weiteres Stück Kuchen auf den Teller. „Nicht mehr als zwei, höchstens drei auf einmal. Außerdem habe ich gesagt, wir würden das – wenn überhaupt – erst einmal nur zur Probe machen."

„Na, und schließlich sind wir ja auch noch da!" tönte Bruno und stieß Leo in die Seite, der unschlüssig vor sich hinstarrte. „Ich würde den Bürschchen schon was erzählen, wenn die hier glauben, Unruhe stiften zu können!"

Die Geschwister schwiegen nachdenklich.

„Gebt ihnen eine Chance. Ich werde ihnen sicher eine geben", sagte die Mutter leise. „Das hier ist ein Platz, an dem man sich um mißhandelte Geschöpfe kümmert. Sind diese Kinder vielleicht weniger mißhandelt?"

„Stimmen wir ab", schlug der Vater vor. „Wer dafür ist, daß wir dieses Experiment wagen, soll jetzt bitte die Hand heben."

Er hob seine rechte Hand hoch empor; Bruno, Mam und die beiden Kaminskis folgten seinem Beispiel. Zögernd folgte Leos Hand und gleich darauf auch Tonjas. Pfarrer Franziskus Muggenberger hielt von Anfang an beide Hände oben, was sehr komisch aussah, denn in der einen balancierte er die Kaffeetasse, die andere umklammerte die Kuchengabel. Ben und Matthias, die ihm gegenübersaßen, mußten lachen und hoben nun ebenfalls ihre Hände.

„Na gut, ihr habt ja recht", brummte Ben. „Probieren kann man's ja mal. Und die Veitsfeldener werden uns sicher unterstützen."

„Einstimmig angenommen", stellte der Vater zufrieden fest.

Spinne und Mike

Es ging schneller, als sie dachten. Kaum hatte Jürgen Justin telefonisch sein Einverständnis zu einem Versuch kundgetan, wurden ihm für das kommende Wochenende zwei

Jungen angekündigt, die zum Hilfsdienst antreten sollten. Sie waren beim Kaufhausdiebstahl erwischt worden und galten in der Schule als Störenfriede und schwer erziehbar, obgleich sie beide aus gutbürgerlichen Familien stammten und – äußerlich gesehen – keinerlei Mangel litten.

„Man sagte mir, sie kämen aus geordneten Verhältnissen", berichtete der Vater seufzend. „Was immer man darunter verstehen soll, so geordnet können die Verhältnisse nicht sein, wenn die beiden derart aus dem Gleichgewicht gekommen sind."

Tonja mußte sich eingestehen, daß sie eine Mischung aus Angst und Lampenfieber vor der Ankunft der beiden Jungen hatte. Paps sollte sie im Dorf vom Bus abholen, damit sie sich nicht schon auf dem Weg zum Pferdehof Am Birkenfeld aus dem Staub machten und nachher behaupten, sie hätten sich verlaufen.

„Am besten kommst du mit, dann könnt ihr euch schon ein bißchen aneinander gewöhnen", schlug er Tonja vor. „Gegen einen erwachsenen Mann mauern sie sicher erst einmal gewaltig."

Tonja gab zu, daß die Idee nicht schlecht war. Aber je näher sie der Bushaltestelle kamen, desto heftiger klopfte ihr Herz. Albern! schalt sie sich. Schließlich sind es ganz normale Jungen, die ein paar Fehler gemacht haben und denen man helfen muß. Ist doch eigentlich verrückt, daß nur die Tatsache, daß sie vor dem Richter gestanden haben und verurteilt worden sind, sie in meinen Augen gleich zu zerstörungswütigen Monstern macht.

Paps parkte den Jeep ein paar Meter vor der Bushaltestelle, und sie stiegen aus. Es war ein herrlicher Sonnentag, so wie Tonja ihn liebte, mit einem leichten Wind, der Sträucher und Bäume geheimnisvoll wispern und rascheln ließ. Ein Tag zum Träumen und Genießen, wenn da nicht diese Jungen gewesen wären.

Tonja war so in Gedanken versunken, daß sie den Bus erst bemerkte, als er mit quietschenden Bremsen und erheblichem Schwung an der Haltestelle stoppte. Ein paar mit Einkaufstaschen und prallvollen Plastiktüten beladene Bäuerinnen stiegen aus, eine junge Mutter mit zwei Kleinkindern, dahinter der Vater mit einem riesigen Rucksack. Ein türkischer Arbeiter, das Gesicht schmerzverzogen, die Hand in einem Gipsverband. Und ein alter Mann, der Mühe hatte, die hohen Stufen zu überwinden. Tonja sprang hinzu und half ihm auf den Boden.

Ganz zum Schluß schoben sich zögernd zwei hochgewachsene Jungen in Jeans und T-Shirt nach draußen. Sie unterschieden sich in nichts von Ben, Matthias oder ihren Klassenkameraden. Weder wirkten sie ungepflegt, noch zeigten sie eine Besonderheit wie eine Tätowierung, eine Glatze oder eine verfilzte Löwenmähne; sie trugen weder Lederkleidung noch irgendwelche Schmuckstücke oder Stammeszeichen, die auf Mitgliedschaft in einer Bande oder die Gefolgschaft eines besonderen Idols hinwiesen. Der ältere von beiden war dünn wie ein Strich, blond und blauäugig und besaß einen riesigen Adamsapfel. Der Jüngere war ausgesprochen hübsch, mit dicht bewimperten blaugrauen Augen und einem zarten Mädchengesicht. Sein Gesichtsausdruck allerdings war so arrogant, daß Tonja eine unerklärliche Wut in sich aufsteigen fühlte, noch bevor sie ein Wort miteinander geredet hatten.

Paps war auf die Jungen zugetreten und streckte ihnen die Hand entgegen. „Ihr seid sicher die Helfer für den Birkenfeldhof. Ich bin Jürgen Justin, und das ist meine Tochter Tonja. Herzlich willkommen bei uns."

Der Größere machte eine fahrige Bewegung, als wolle er Paps die Hand schütteln, ließ es aber, als er einen giftigen Seitenblick seines Freundes auffing. Tonja biß sich vor Ärger auf die Lippen. Wagten es diese Idioten doch tatsächlich, Paps mit ausgestreckter Hand stehenzulassen! Nur er selbst blieb heiter und gelassen, er tat, als sei das hochnäsige Verhalten der Jungen völlig in Ordnung und eigentlich genau das, was er erwartet hatte.

„Und ihr? Habt ihr auch so was wie Namen?" fragte Tonja und warf den Jungen einen Blick zu, der sie glatt an den nächsten Baum hätte nageln können. Sie wußte es nicht, doch Tonja war am hübschesten, wenn sie wütend war, und das entging zumindest dem Größeren der beiden nicht.

Er lächelte sie verlegen an. „Ich bin Spinne. Und das ist Mike."

Tonja war ein kleines bißchen versöhnt. „Okay, Spinne. Das da ist unser Wagen. Steigt ein, wir haben es eilig. Die Arbeit wartet."

Auf der Fahrt bereitete Jürgen Justin die beiden Jungen auf das vor, was auf sie zukam. Sie seien zwar Schloßbewohner, aber zugleich in ständigen Geldnöten, erzählte er, denn mit einem Gnadenhof für alte oder mißhandelte Tiere mache man keinen Gewinn. Deshalb seien sie auch stets auf freiwillige Helfer angewiesen. Gutbezahlte Arbeitskräfte könne man sich nicht leisten, und so gäbe es auch nur zwei auf dem Hof. Zum Glück wären da aber immer wieder eine Menge junger Leute, denen das Aushelfen auf dem Hof einfach Freude machte.

„Wir sind aber nicht freiwillig hier“, murmelte Mike und rümpfte die Nase. „Strafkommando. Wahrscheinlich dürfen wir deshalb den ganzen Tag Mist fahren.“

Tonja sah ihn spöttisch von der Seite an. „Dazu dürften deine Muskeln wohl nicht ganz ausreichen. Einer wird Bruno helfen, den neuen Entenstall zu bauen, und der andere geht mit raus, Koppelzäune reparieren. Dann sehen wir weiter. Habt ihr Erfahrung mit Pferden?“

„Leider nicht!“ Spinne sah sie bedauernd an und wollte noch etwas sagen, doch Mike warf ihm einen so vernichtenden Blick zu, daß er es ließ.

„Pferde!“ Mike schnaufte verächtlich. „Sind wir hier im Zirkus?“

„Nicht, wenn ihr keinen macht“, gab Tonja kühl zurück.

Sie hatten die Brücke erreicht, und Matthias öffnete das große Einfahrtstor zum Hof. Langsam rollte der Wagen aus und hielt vor dem Haus der Kaminskis. Vom Haupthaus her trotteten Emma und Titus auf die Ankömmlinge zu, Lord, der alte Spaniel, erhob sich schwerfällig von seinem Schlafplatz unter der großen Linde und bellte einmal kurz zu den Neuen hinüber.

Tonja beobachtete die Gesichter der Jungen genau. Spinne konnte das freudige Erstaunen beim Anblick des gepflegten, freundlichen Anwesens kaum verbergen. Mike hob den Blick nur einmal kurz und sah besorgt auf die riesige Neufundländerhündin, die genau auf ihn zusteuerte.

„Keine Sorge, sie beißt nicht. Sie ist die gutmütigste von

allen, das könnt ihr mir glauben!“

„Habt ihr noch mehr von der Sorte?“ Es sollte verächtlich klingen, aber die Angst war aus Mikes Stimme deutlich herauszuhören.

„Jede Menge. Schließlich sind wir so’ne Art Tierheim.“

Matthias hatte das Tor geschlossen und stellte sich den beiden Jungen vor. „Hallo, ich bin der Jüngste in der Mannschaft. Matthias. Damit ihr’s gleich wißt: Das Tor muß immer geschlossen sein, damit die Ziegen und der Esel nicht abhauen!“

Bei dem Wort Ziegen wurde Mikes Gesichtsfarbe deutlich blasser, und er war erleichtert, daß Mutter Kaminski sie jetzt ins Haus winkte, um ihnen ihren Schlafplatz zu zeigen. Das Bellen, Gackern, Wiehern und Schreien, das von allen Seiten über den Hof klang, machte ihn sichtlich nervös.

„Habt ihr schon gefrühstückt?“ fragte die alte Frau.

Ehe Spinne etwas sagen konnte, bejahte Mike die Frage. Sie brauchten nichts, erklärte er knapp. In Spinnes Gesicht zeigte sich Enttäuschung, aber er schwieg.

„Also gut, dann laßt eure Taschen hier und kommt mit!“ Jürgen Justin hatte Bruno herangewinkt, der mit einem Arm voller Bretter aus seiner Werkstatt getreten war. „Bruno, dieser junge Mann nennt sich Spinne. Er wird Ihnen bei der Arbeit helfen. Und du, Mike, gehst mit Tonja zu den Koppeln!“

Mist! dachte Tonja. Ausgerechnet der! Mit Spinne wäre ich viel besser klargekommen. Sie winkte Mike, ihr zu folgen, und holte den Werkzeugkasten aus dem Schuppen. „Hier, den kannst du tragen, ich nehme den Draht.“

Sie verließen den Hof durch die Scheune und gingen zu der Koppel hinüber, auf der die Isländerherde graste.

Tonja kroch durch den Zaun und wurde sofort von den neugierigen Ponys umringt. „Na, was ist? Komm!“

„Ich denke, wir sollen den Zaun reparieren ...“

„Ja, genau gegenüber auf der anderen Seite ist der Draht herausgerissen. Außerdem müssen wir die Tränken kontrollieren.“

Da er sich nicht gerade als Held zeigte, zog Mike es vor, außen um die Koppel herumzugehen.

Tonja erwartete ihn bereits. „Vor den Isländern brauchst du dich doch nicht zu fürchten. Sie sind die reinsten Kuscheltiere. Höchstens mal ein bißchen frech, aber nie böse.“

„Ich habe keine Angst“, widersprach Mike und reckte das Kinn. „Ich bin nur allergisch gegen Pferde.“

„Ich dachte, du hast noch nie etwas mit Pferden zu tun gehabt?“

„Habe ich auch nicht.“

„Woher willst du das dann wissen – mit der Allergie?“

„Ich fühle das eben.“

„Wetten, du hast gar keine? Gib mal den Fäustel!“

„Den was?“

„Den schweren Vorschlaghammer da im Kasten. Hier sitzt ein Pfosten locker. Ehe wir den Draht befestigen können, muß der erst wieder in den Boden. Willst du das machen?“

„Bin ich blöd?“

„Okay, dann halt fest. Gerade halten!“

Tonja legte Mikes Hände an den Pfosten und zeigte ihm,

wie er ihn halten sollte. Dann ergriff sie den Fäustel und holte aus. Mike wurde die Sache unheimlich, blitzschnell zog er die Hände zurück. Doch Tonja hatte Glück, der Pfosten schwankte nicht, und sie traf ihn genau auf den Punkt. Noch zwei, drei Schläge, und er saß fest im Boden.

Kopfschüttelnd sah sie Mike an. „Ich dachte, du wärst so'n Held?"

„Wieso?"

„Na ja, im Kaufhaus klauen gehen und so ..."

„Das ist doch keine Kunst!"

„Und warum machst du's dann?"

„Die Typen ärgern, oder ... ach, ich weiß nicht. Einfach so!"

„Wäre mir echt zu blöd", meinte Tonja. „Hier, roll mal den Draht auf und versuch, auszumessen, wieviel wir von hier bis da drüben brauchen!"

Mike griff gelangweilt nach der Rolle, hängte sie über den Pfosten und versuchte, ein Stück Draht herunterzuziehen. Auch wenn man annehmen konnte, daß er sich absichtlich dumm stellte, war es nicht zu übersehen, wie unerfahren und ungeschickt er in solchen Dingen war.

Tonja seufzte. „Gib her. Da halt fest und rühr dich nicht von der Stelle. Nicht nachlassen, ja? So, das wird reichen. Schau her, ich zeige dir, wie man's macht: Das Ende hier ziehst du durch den Krampen und befestigst es so, daß es nicht wieder rausrutschen kann. Jetzt führst du den Draht zum nächsten Pfosten, steckst ihn da durch, siehst du? Und jetzt mußt du ihn strammziehen, so fest du kannst! Immerhin soll er das Gewicht von einem Pony aushalten, wenn es sich dagegenlehnt. Dann biegst du das Ende ein paarmal um den Draht, damit es sich nicht lösen kann. Am besten mit der Flachzange. Gib sie mal her. Na, eine Flachzange erkennst du wenigstens, das ist doch schon mal was!"

Mike gähnte, weniger, weil er Tonja provozieren wollte, als aus purer Hilflosigkeit. Irgendwie bekam er die Situation nicht in den Griff. Alle seine Vorsätze, sich so unmöglich zu benehmen, daß sie auf dem Hof froh waren, wenn er wieder ging, waren ihm abhanden gekommen.

„Wenn dir das hier zu schwierig ist", sagte Tonja, „hab ich im Momant leider nur noch eine Arbeit für dich: Du kannst die Pferdemisthaufen von der Koppel einsammeln. Wenn man die nämlich in so großen Mengen liegen läßt, verbrennt das Gras darunter."

Mike warf einen mißtrauischen Blick auf die Isländerherde und beschloß, lieber diesseits des Zauns zu bleiben. „Nein, ich helfe dir lieber!"

„Gut, dann kannst du die nächste Reparatur selbst machen, großer Meister. Da drüben ist noch ein Draht runtergetreten, siehst du ihn? Ich gehe inzwischen die Tränken kontrollieren und sammele den Mist auf."

Tonja marschierte davon und beachtete Mike nicht weiter. Sollte er sich ruhig mal allein mit der Arbeit auseinandersetzen; was machte es schon, wenn er doppelt so lange dafür brauchte. Tatsächlich schien Mike wider Willen Gefallen an der Bastelei zu finden, und es ging besser, als er geglaubt hatte. Er merkte nicht einmal, wie ihm vor Anspannung der Schweiß den Rücken hinunterlief.

Plötzlich hörte Tonja einen verzweifelten Schrei.

„Was ist? Hast du dich verletzt?"

„Mich hat was gestochen!"

„Ach, die blöden Pferdebremsen, ich weiß. Da muß man hier ein bißchen aufpassen, vor allem, wenn man schwitzt. Zieh halt dein Hemd wieder an."

Aber Mike war wütend. Hysterisch schlug er um sich.

Tonja war zu ihm herübergekommen. „Wild um sich hauen bringt gar nichts. Lieber einmal gezielt dahin, wo das Biest sitzt. Siehst du, so ..."

„Aua!"

„Hat sie dich schon gestochen?"

„Nein, aber du schlägst so fest!"

„Na komm. Ich bin hier sowieso fertig. He!" Tonja blickte auf den Zaun. „Super hast du das gemacht, danke. Echt gut."

Auf dem Rückweg zum Hof begann sie, Mike vorsichtig auszufragen. „Ihr wohnt sicher mitten in der Stadt?"

„Eigentlich nicht. Es ist so eine Art Satellitenstadt. Hochhäuser, ein paar Terrassenwohnungen. Kinder und Hunde verboten."

„Ich verstehe schon, alles total organisiert. Und deine Eltern? Was machen sie?"

„Mein Vater ist Abteilungsleiter in einem Möbelmarkt. Meine Mutter arbeitet bei einer Krankenkasse."

„Ganztags?"

„Klar."

„Und hast du Geschwister?"

„Nein. Meinen Alten ist einer schon zuviel."

„Das redest du dir ein", widersprach Tonja heftig. „Sicher haben sie so was nur mal aus Ärger gesagt. Wegen der Sachen, die du angestellt hast."

Jetzt kehrte der hochmütige Ausdruck in Mikes Gesicht

zurück. Voller Verachtung sah er sie an. „Was weißt denn du davon! Wenn die abends müde aus dem Geschäft kommen, wollen sie ihre Ruhe haben und nicht mit meinen Geschichten vollgelabert werden. Ist doch ganz klar. Das muß man eben verstehen."

„Verstehst du's?"

Mike gab keine Antwort. Er kickte wütend einen Kieselstein zur Seite und bohrte die Hände in die Taschen seiner Jeans.

Tonja sah ihn versöhnlich von der Seite an. „Komm, ich zeige dir unsere Kleintierabteilung. Die ist unten im alten Gesindehaus untergebracht. Da gibt's keine Bremsen, höchstens ein paar harmlose Fliegen. Und dann gehen wir nachschauen, was Bruno und Spinne machen."

Paps weiß eine Lösung

Es war klar: Keiner der beiden Jungen hatte bisher in seinem Leben Gelegenheit gehabt, nach Herzenslust zu basteln und seine Fähigkeiten auf diesem Gebiet auszuprobieren. Sie konnten zwar fabelhaft über Automarken reden, was sie während des Mittagessens ausgiebig taten, aber die Aufzählung technischer Besonderheiten war reine Theorie. Weder Mike noch Spinne hatten jemals an einem Motor herumgewerkelt, geschweige denn irgend etwas auseinandergenommen und wieder zusammengesetzt. Ihre technischen Fähigkeiten beschränkten sich darauf, eine

Herdplatte einzuschalten, um sich das von der Mutter bereitgestellte Essen aufzuwärmen.

Nein, eine große Hilfe auf dem Hof würden die beiden nicht sein, wenn man von ganz leichten Hilfsarbeiten absah. Aber das schien ihnen allen nicht so wichtig zu sein, wenn es nur gelang, sie in die Gemeinschaft aufzunehmen und ihren Blick für neue Möglichkeiten der Freizeitgestaltung zu schärfen.

Mam verstand es großartig, die Atmosphäre aufzulokkern, fand Tonja. Sie stellte ihre Fragen so, daß die beiden Jungen zum Erzählen ermuntert wurden, ohne sich ausgefragt zu fühlen. Sie war eine gute Zuhörerin und kam sofort mit einem eigenen Erlebnis oder einem originellen Einfall, wenn der Erzählende ins Stocken geriet. Daß sie so vorzüglich kochte und die Jungen es sich begeistert schmecken ließen, trug zu der guten Stimmung bei Tisch bei.

Soweit war alles besser gelaufen, als sie alle zu hoffen gewagt hatten. Doch am Nachmittag wendete sich das Blatt. Nach dem Essen besprach Jürgen Justin die Arbeiten für den Nachmittag. Der Rasen mußte gemäht werden, Mam und Mutter Kaminski konnten Hilfe im Garten gebrauchen. Die Kleintierställe mußten ausgemistet werden, ebenso der Laufstall der Isländerherde und der Schafstall. Die Gesichter der beiden Jungen wurden immer länger.

Tonja bemerkte es. „Zu dumm, daß ihr nicht reiten könnt. Sonst könntet ihr mit uns jede Menge Pferde bewegen. Natürlich auch putzen, nach dem Reiten führen, abschwammen, beim Füttern helfen ..."

Mike winkte ab.

„Ja ja, ich weiß, deine Allergie. Wie ist es mit dir, Spinne?"

Spinne bekam einen roten Kopf. Eine Weile druckste er herum, unschlüssig, ob er es nicht einfach mal riskieren sollte, sich diesen gefährlichen Untieren zu nähern. Aber die Angst siegte. „Ach nein, ich habe da nicht so die richtige Erfahrung. Ich denke, ich mähe lieber den Rasen."

„Gut", sagte Jürgen Justin. „Und du, Mike?"

Mike hob lustlos die Schultern.

„Wie wär's, wenn du dich der Kleintierställe annähmest?" schlug Ben vor. „Du hast ja mit unserem Mini-Zoo schon Bekanntschaft gemacht. Oder möchtest du dich lieber um die Zwingerhunde kümmern?"

„Ich will überhaupt nichts mit Tieren machen", stieß Mike in einer Mischung aus Wut und Scham über seine Angst heraus.

„Ich weiß was. Dann stichst du Löwenzahn für die Kaninchen", erklärte Matthias strahlend, der sich nur zu gern vor dieser Arbeit drückte. „Gleich neben der Reitbahn wächst massenhaft von dem Zeug. Es ist kinderleicht."

Mike starrte verbiestert vor sich hin, ihm war jetzt alles egal. Tief in ihm tobten die widersprüchlichsten Gefühle. Zu gern hätte er sich mit den Tieren beschäftigt; aber seine Furcht, sie anzufassen, hochzuheben, sie vielleicht zu verletzen oder doch etwas falsch zu machen, war größer als der Wunsch, sie zu streicheln und näher kennenzulernen. Er hatte noch nie in seinem Leben etwas mit Tieren zu tun gehabt.

Seine Eltern hatten es immer abgelehnt, irgendwelches ‚Viehzeug, das nur Schmutz und Arbeit macht', wie sie sich ausdrückten, in der Wohnung zu dulden, so daß er im Laufe der Jahre ein starkes Mißtrauen gegen alle Tiere entwikkelt hatte. Nicht einmal eine Fliege würde seine Mutter in der Wohnung dulden, das Insektenspray stand immer bereit und wurde vor allem im Urlaub schon vorher eifrig benutzt, um jeder Spinne, jedem Käfer, jeder Ameise den Aufenthalt in der Ferienwohnung unmöglich zu machen. Tiere waren eklig oder stanken. Oder beides. Sogar im Zoo waren sie nur ein einziges Mal mit ihm gewesen, als er noch klein war.

Mike war zornig auf sich selbst, weil er nicht den Mut aufbrachte, sich um ein paar Hamster, Meerschweinchen und Kaninchen zu kümmern und für diese Feigheit hier nun mit Löwenzahnstechen bestraft wurde – in einem Dikkicht, in dem es von Brennesseln und Disteln nur so wimmelte. Und sicher auch von Ungeziefer jeder Art.

„Ich werde dir ein Sweatshirt und meine Arbeitshandschuhe leihen", sagte Ben, als habe er Mikes Gedanken erraten.

„Nicht nötig", murmelte Mike steif.

Sie saßen noch um den Eßtisch auf der Terrasse, als vom Hoftor her Indianergeheul und vielfaches Hufgetrappel erklang – die Veitsfeldener waren da!

Tonja, Ben und Matthias sprangen auf und wollten zu ihnen laufen.

Im letzten Moment erinnerte sich Tonja an die beiden Jungen und drehte sich zu ihnen um. „Los, kommt, das sind unsere Reiterfreunde. Ihr müßt euch kennenlernen!"

„Wir müssen gar nichts", maulte Mike, der den Aufmarsch der zahlreichen Pferde von weitem beobachtete. „Ich gehe jetzt an meine Arbeit."

Mam sah ihn besorgt an. „Gut, dann komm mit mir", sagte sie lächelnd. „Ich gebe dir einen Eimer und ein altes Küchenmesser, und vor allem ein paar dicke Arbeitshandschuhe, ohne die kommst du in der Wildnis da drüben nicht aus. Das Stück muß dringend gemäht werden."

„Soll ich das auch machen?"

„Nein, das kann nur jemand, der mit der Sense umzugehen versteht. Bruno wird das in den nächsten Tagen erledigen. Du, Spinne, kannst auch gleich mitkommen. Ich zeige dir, wo du den Rasenmäher findest."

Doch nun wurden sie erst einmal von den Reitern umringt, die die beiden Neuen auf dem Hof neugierig musterten.

„Das ist Mike, und das ist Spinne", verkündete Tonja mit einer großen Handbewegung. „Mike, Spinne, das hier ist meine Freundin Steffi und ihre Schimmelstute Yasmina. Das sind Wolfi, Philipp, Ulla, Agnes und Nicola."

Man begrüßte sich mit einem flüchtigen Kopfnicken, dann wandte sich Steffi an Tonja. „Gehen wir erst zum Arbeiten auf den Platz, oder machen wir gleich einen Ausritt?"

„Erst die Arbeit, dann das Vergnügen!" meldete sich Jürgen Justin zu Wort. „Bei uns ist heute noch kein einziges Pferd bewegt worden. Ich hoffe auf eure Mithilfe."

„Klar doch!" Wolfi strahlte. „Darf ich Enzian reiten?"

„Wenn du willst. Vor allem muß mit den vier Isländern, die demnächst verkauft werden sollen, gearbeitet werden, damit sie sicher unterm Sattel gehen!"

„Wird gemacht, Boß. Wir bringen nur schnell unsere Pferde auf die Koppel."

4 4072-8

Die jungen Reiter wendeten ihre Pferde und stoben davon. Tonja, Ben und Matthias folgten im Laufschritt und wandten sich dem Stall zu, um Merlin, Yussuf und Paulchen zu satteln. Mike warf Spinne einen verächtlichen Blick zu, doch Spinne bemerkte es nicht. Er sah sehnsüchtig den Reitern nach.

Während sich Spinne und Mike an die Arbeit machten, füllte sich der Reitplatz nach und nach mit großen und kleinen Pferden und ihren jugendlichen Reitern. Spinne, der einen nicht enden wollenden Kampf mit dem Rasenmäher ausfocht, hörte voller Neid die Zurufe und das Gelächter. Sehen konnte er nicht viel, aber die Vertrautheit der Gruppe, die bei ihrer Arbeit offensichtlich großen Spaß hatte, machte ihn wütend. Scherze und gute Ratschläge flogen hin und her, man half sich, man kannte sich gut und genoß das Zusammensein.

Spinne fühlte sich wie ein Ausgestoßener. Heute morgen, mit dem alten Landstreicher, hatte er sich recht wohl gefühlt, auch wenn der nicht mit gutmütigem Spott über die Ungeschicklichkeit seines Helfers gespart hatte. Aber Spinne hatte eine Menge gelernt und keinen Augenblick das Gefühl gehabt, Bruno nähme ihn nicht ernst. Jetzt war das anders. Jeder auf dem Hof hier schien Freude an seiner Arbeit zu haben und diese Arbeit auch mit Leichtigkeit zu beherrschen. Nur er selber kam sich wie ein Idiot mit dieser Maschine vor, die es darauf abgesehen hatte, ihn zu ärgern und lächerlich zu machen, indem sie ständig stehenblieb, weil der Motor absoff, ein Stein oder ein Zweig sich im Schneidwerk verfangen hatte oder lange Grashalme sich um die Räder wickelten und sie blockierten. Bei Spinne gehörte nicht viel dazu, ihn mit einem wilden Haß auf die ganze Welt zu erfüllen, und diesen Haß empfand er jetzt.

Noch schlimmer erging es Mike. Je fröhlicher die Stimmen der jungen Reiter klangen, desto größer wurde sein Zorn. Jedes Auflachen traf ihn wie ein Stich. Bei jeder Anweisung, jedem Ratschlag kam er sich vor wie ein lächerlicher Dummkopf, der zu nichts anderem taugte, als zwischen kniehohen Disteln und Brennesseln die Löwenzahnstauden herauszustechen. Um ihn herum summte und brummte es wie zum Hohn; Bienen, Fliegen, Stechmücken und alles mögliche andere Getier schienen nichts anderes im Sinn zu haben, als ihn zu attackieren. Je wilder er um sich schlug und trat, desto beharrlicher surrten sie um seinen Kopf. Schweiß rann ihm den Rücken herunter, tropfte von der Stirn und brannte ihm in den Augen. Seine nackten Arme waren von Kratzern übersät – es war die reine Höllenqual! Und die da drüben auf der Reitbahn warfen nicht einen Blick zu ihm hinüber, es war, als wäre er für sie gar nicht vorhanden.

Auch als sie mit den Pferden die Bahn verließen und sich zu einem Ausritt durch die Felder aufmachten, fühlte er sich nicht besser. Was hatten sie miteinander zu reden? Sprachen sie über ihn? Machten sie sich über ihn lustig? Am liebsten hätte er alles hingeworfen und sich einfach aus dem Staub gemacht. Aber dann würde der Richter ihn nächstes Wochenende vielleicht ins Altersheim zum Helfen schicken, oder zu Behinderten. Wenn draußen die Sonne schien, mußte er in dem muffigen alten Gebäude den ganzen Tag schmutziges Geschirr einsammeln und den Leuten beim Anziehen oder Ausziehen helfen – oder sie beim Gang auf die Toilette begleiten. Nein, da war er doch lieber hier draußen an der frischen Luft. Immer wilder tobte Mike seine Wut an den Pflanzen aus, und schließlich hatte er erreicht, was er gar nicht beabsichtigt hatte: Am Rande der Wiese türmte sich ein beachtlicher Berg frisch geschnittenen Löwenzahns.

Beim Abendessen waren beide Jungen sehr schweigsam. Mit abweisenden, trotzigen Gesichtern saßen sie am Tisch und antworteten auf Fragen höchstens mit einem kaum verständlichen Brummen. Was sie allerdings nicht davon abhielt, sich die Gemüse-Pizza, die Felizitas Justin gebacken hatte und die nach einem halben Dutzend gartenfrischer Kräuter duftete, von Herzen schmecken zu lassen. Bei der Rhabarbergrütze mit Vanillesoße, die es zum Nachtisch gab, huschte ein Ausdruck seligen Erinnerns über Spinnes Gesicht. Genau so hatte es bei seiner Großmutter geschmeckt! Doch ein Blick von Mike genügte, um seine Freude augenblicklich zu dämpfen. „Wir werden hier doch bloß ausgebeutet wie die letzten Sklaven!" hatte Mike ihm auf dem Hof zugeflüstert. Denen werden wir's schon zeigen!

Jürgen Justin tat, als bemerkte er die schlechte Stimmung seiner unfreiwilligen Gäste nicht. Er erzählte von seinen Träumen, diesen Hof nach und nach zu einem kleinen Naturpark werden zu lassen, in den sich vom Aussterben bedrohte Pflanzen und Tierarten wieder ansiedeln konnten. Er hielt, ohne die beiden anzusehen, einen humorvollen kleinen Vortrag über die Schäden, die ahnungslose Städter in der Natur anrichteten, über die zahlreichen bedauernswerten Tiere, die nicht artgerecht gehalten wurden, ohne daß ihre Besitzer merkten, was sie ihren Lieblingen mit ihrer falsch verstandenen Liebe antaten. Tonja, Ben und Matthias beteiligten sich lebhaft an der Unterhaltung, und unversehens war man in eine heiße Diskussion über den Tierschutz verstrickt.

Mike stand abrupt auf. „Dürfen wir jetzt schlafen gehen? Wir sind nämlich hundemüde."

„Aber selbstverständlich!" Felizitas Justin stand auf. „Ich werde mit euch hinüber zu den Kaminskis gehen und sehen, ob ihr alles habt, was ihr braucht."

„Also dann gute Nacht, Spinne! Nacht, Mike! Schlaft gut", rief Tonja den Jungen nach, die schweigend davongegangen waren. Sie erhielt keine Antwort. „Ich weiß nicht, irgendwie haut das wohl doch nicht so richtig hin", sagte sie seufzend, als Mike und Spinne um die Ekke gebogen waren. „Gibt's das, daß man total unempfindlich ist für so einen milden Frühlingsabend auf der Terrasse? Für diesen Himmel, dieses Licht auf dem See und die Vogelstimmen? Ich könnte laut schreien vor Glück."

„Ach nein, bitte tu's nicht", bat Ben. „Versuch, sie zu verstehen. Für Mike und Spinne hat die Nacht eben andere Qualitäten ..."

Ben konnte nicht ahnen, daß die beiden Jungen in der Tat die Nacht nicht ungenutzt verstreichen lassen würden. Er dachte an Muskelkater und Sonnenbrand und an die bleierne Müdigkeit, die ihn selbst am Anfang seines Landlebens geplagt hatten.

Müde waren Spinne und Mike zwar, aber doch nicht so

müde, daß sie ihren Racheplan vergessen hätten. Als Tonja mit ihrem Vater und den beiden Brüdern am nächsten Morgen aus dem Haus trat und zum Pferdestall hinüberging, lehnten Spinne und Mike gelangweilt an der Scheunenwand. Spinne rieb sich leicht verlegen das Kinn, Mike kaute an seinen Fingernägeln. Neben ihnen trat Vater Kaminski aus dem Laufstall und wies sprachlos vor Abscheu auf das Haupthaus. Langsam drehten erst Tonja, dann Paps, Ben und Matthias sich um.

Die gesamte Rückwand des Schlosses war mit Sprühfarbe verschmiert; wilde Schnörkel in Schwarz, Rot und Grün bedeckten die vormals sonnengelbe Fläche. In der Mitte stand in Riesenlettern das Wort:

SCHEISPFERDE

Eine kleine Pause entstand, während der, ihrem mürrisch-überheblichen Gesichtsausdruck zum Trotz, Mike und Spinne zu schrumpfen schienen.

„Scheiße schreibt man mit scharfem S", stellte Tonja sachlich fest. „Das solltet ihr eigentlich wissen!"

Ben legte den Kopf schief. „Ich weiß nicht ..., vorher gefiel's mir besser."

„Na, ein Gutes hat es wenigstens", bemerkte Paps mit gespieltem Ernst. „Es erspart uns das Kopfzerbrechen über eine geeignete Arbeit für euch. Zum Glück haben wir noch genug Farbe im Keller. Kommt mit."

Er winkte den verdutzten Übeltätern, ihm zu folgen, versorgte sie im Keller mit Pinseln, Wandfarbe, Bottichen und Leitern und versprach ihnen, Bruno würde ihnen die richtige Technik beibringen und ihnen jederzeit mit guten Ratschlägen zur Seite stehen. Mike und Spinne blieb nichts anderes übrig, als unter den kritischen Augen der Hofbewohner den Tag mit Malerarbeiten zu verbringen, während Tonja, Ben und Matthias sich mit ihren Pferden beschäftigten. Sie schafften es mit Mühe bis zur Stunde ihrer Abfahrt, den verursachten Schaden zu beseitigen.

Felizitas Justin fuhr die beiden Jungen zum Bus ins Dorf hinunter.

Spinne saß neben ihr. Er druckste eine Weile herum. „Wenn wir jetzt nicht hätten malen müssen, was hätten wir dann getan?“ fragte er nach einer Weile.

„Nun, nicht viel, heute ist schließlich Sonntag“, antwortete sie lächelnd. „Es ist sehr schade, daß ihr nicht reiten könnt, sonst hättet ihr einen großen Ausritt machen können. Aber da das nicht geht, hatten wir uns überlegt, euch die Hunde anzuvertrauen. Die Zwingerhunde brauchen dringend jemanden, der sich Zeit für sie nimmt, mit ihnen spielt, herumtollt oder spazierengeht. Natürlich nicht mit allen auf einmal, jeder von ihnen möchte seinen Menschen schließlich mal ganz für sich allein haben. Untereinander gibt es bei ihnen leider oft Eifersüchteleien; wir haben zur Zeit nur Rüden. Zum Glück haben wir für zwei von ihnen gute Plätze gefunden. Aber es kommen so schnell neue ins Haus“, seufzte Felizitas Justin. „Bald beginnen die Pfingstferien, und damit fängt auch die Zeit der ausgesetzten Tiere wieder an. Ich werde nie begreifen, wie Menschen so etwas Schreckliches tun können.“

Mike lachte höhnisch auf. „Aber ausgesetzte Kinder

sind Ihnen egal, wie?"
„Glaubst du das im Ernst?"
Mike blieb die Antwort schuldig. Sie waren an der Bushaltestelle angekommen, und er sprang aus dem Wagen und wandte sich ab.
Spinne gab seiner Gastgeberin die Hand. „Also dann, Wiedersehen! Bis nächste Woche. Und danke schön für das gute Essen."
„Freut mich, daß es dir geschmeckt hat. Auf Wiedersehen, Junge. Habt eine gute Woche, ihr zwei! Wiedersehen, Mike!"
Aber Mike tat, als hörte er sie nicht.
Als Felizitas Justin nach Hause zurückkehrte, saß die Familie um den großen runden Tisch auf der Terrasse und hielt eine Krisensitzung ab.
„Das bringt doch nichts, Paps", beschwor Tonja ihren Vater. „Die streuen bei uns nur Sand ins Getriebe! Statt daß sie uns helfen, halten sie uns auf. Sie machen sich nichts aus Tieren, wahrscheinlich haben sie sogar Angst vor ihnen. Es gefällt ihnen hier nicht, und ich wette mit dir, daß sie nächstes Wochenende rundherum das ganze Haus verschmieren. Soll der Ochsenfrosch doch einen anderen Platz für sie finden! Warum ausgerechnet bei uns?"
„Tonja hat recht, Paps. Warum sollen ausgerechnet wir die Dummen sein, wo wir sowieso schon so viel Arbeit am Hals haben!" rief Matthias erregt.
„Mam, was sagst du dazu?" drängte Ben.
Felizitas Justin schwieg eine Weile. Während alle sie erwartungsvoll anstarrten, zog sie den Glaskrug heran und schenkte sich Saft in einen Becher, den sie langsam

und genießerisch leerte.

„Ah, welch ein herrlicher Abend! Als hätten wir Hochsommer. Kinder, haben wir es gut in unserem Paradies hier draußen! Wißt ihr, wenn man ein so reiches Leben führt, sollte man sich eigentlich verpflichtet fühlen, diesen Reichtum mit anderen zu teilen. Mit denen, die bisher davon ausgeschlossen waren. Die nie wirklich sehen gelernt haben."

„Na, schließlich arbeiten wir für unser Paradies ja auch wie die Blöden", gab Tonja zurück.

„Siehst du, und genau das ist der Grund, warum Richter Rinnebach Mike und Spinne zu uns geschickt hat. Damit sie begreifen, daß man arbeiten kann und trotzdem Freude empfindet bei dem, was man tut. Daß es Spaß machen kann, Verantwortung zu übernehmen; sich etwas einfallen zu lassen, um anderen und sich selbst das Leben zu verschönern, nicht um zu zerstören und zu beschädigen. Vorläufig ist ihr einziges Motiv Rache. Rache zu nehmen an der Welt der Erwachsenen, die ihnen – wie sie meinen – so viel vorenthält. Sie müssen erst einmal Vertrauen ins Leben bekommen. Aber um dem Leben zu vertrauen, müssen sie lernen, sich selbst zu vertrauen, sich etwas zuzutrauen. Zu schade, daß sie solche Angst vor Tieren haben. Der Umgang mit den Tieren wäre die beste Medizin für sie. Sie würden erfahren, was es heißt, Liebe zu geben und Liebe zu bekommen ..."

Paps, der die ganze Zeit schweigend in den Himmel gestarrt hatte, richtete sich plötzlich lebhaft auf. „Ich glaube, ich weiß die Lösung! Wenn sie nächstes Wochenende kommen, werde ich mit ihnen sprechen. Ich werde ihnen

Reitunterricht anbieten, damit sie aktive Mitglieder in unserer Gemeinschaft hier werden können. Ich kann sie natürlich nicht zwingen, aber ich habe so ein Gefühl, daß da die Lösung unseres Problems liegt. Von den Isländern sind einige so lammfromm, daß Spinne und Mike ihre Ängste schnell überwinden werden, da bin ich sicher."

„Therapeutisches Reiten, wie?" Ben grinste. „Aber die Idee ist nicht schlecht."

Das Mißverständnis

Das Wochenende darauf begann mit einem Paukenschlag.

Als Matthias am Freitagabend in den Kleintier-Zoo hinüberging, um die Kaninchen, Hamster und Meerschweinchen zu füttern, fiel ihm eine seltsame Unruhe unter den Tieren auf. War das schwüle Wetter schuld? Eine Krankheit? War mit dem Futter etwas nicht in Ordnung gewesen? Matthias sah sich ratlos um und ging auf den äußersten Käfig zu, in dem ein paar Meerschweinchen in sichtbarer Panik hin und her rannten.

Plötzlich richtete sich mit bösem Zischen vor ihm eine Schlange auf.

Entsetzt wich der Junge zurück, erreichte mit einem Satz die Tür und raste nach draußen. „Paps, Leo, Bruno! Kommt schnell! Hilfe! Beeilt euch! Wir haben eine Schlange im Stall, ein riesiges Biest!"

Um ihn herum flogen Fenster auf.

„Was, eine Schlange? Sicher ist sie harmlos", beruhigte ihn der Vater.

„Nein, ein riesiges Biest, sage ich doch! Eine Pythonschlange oder etwas Ähnliches!"

Nun waren auch Bruno und der alte Kaminski zur Stelle. Leo hielt sich vorsichtig im Hintergrund. Zu dritt marschierten die Männer zum Kleintierstall hinüber und öffneten langsam die Tür.

„Um Gottes willen, seien Sie bloß vorsichtig, Chef!" jammerte Leo. „Wenn das Vieh sich nun auf Sie stürzt?"

„Ich glaube, daß sie wesentlich mehr Appetit auf Kaninchen oder Hamster verspürt als auf mich zähen alten Brocken", brummte Justin. „Keine Sorge, ich passe schon auf. Ich möchte bloß wissen, wie die hier hereingekommen ist!"

„Von selbst sicher nicht!"

„Das ist ein Anschlag, ist doch klar!" rief Matthias erregt. „Da steckt sicher die Bande von Mike und Spinne dahinter! Sie wollen sich an uns rächen! Paps, tu doch was, bitte, ich will nicht, daß sie unsere Kaninchen frißt!"

Matthias war dem Weinen nahe, aber der Vater ließ sich Zeit.

„Die Bande von Mike und Spinne! Welche Bande denn? Ich glaube, deine Phantasie geht mit dir durch, mein Sohn. Laß uns lieber überlegen, wie wir am besten vorgehen. In die Kleintierkäfige kann sie nicht eindringen, die sind fest gebaut. Wir brauchen ein hohes Gefäß, in das wir sie werfen können, wenn es uns gelungen ist, sie zu fangen!"

„Ja, wenn", murmelte Bruno, „mit Schlangen kenne ich mich nun überhaupt nicht aus. Wo kommt denn die Kiste da drüben eigentlich her?“

Keiner von ihnen hatte die Kiste bisher bemerkt. Sie stand in der dunkelsten Ecke – eine kompakte Holzkiste, deren Deckel ein wenig zur Seite geschoben war.

„Das wird das Transportmittel der Schlange gewesen sein“, vermutete Paps. „Um den Hals hat sie der edle Spender sicher nicht getragen, als er hier zu uns heraufkam.“

Inzwischen war auch der Rest der Familie aufgetaucht. Tonja drängte sich zu ihrem Vater vor und versuchte, einen Blick auf das Reptil zu erhaschen.

„Ist das wahr? Mike und Spinne haben eine Giftschlange auf unsere Tiere losgelassen? Wenn die mir unter die Finger kommen, drehe ich ihnen den Hals um! Bei Tierquälerei brennen bei mir alle Sicherungen durch!“ fauchte sie.

„Nun mal langsam“, wies der Vater sie zurecht. „Wer die Schlange hier hereingesetzt hat, wußte sehr wohl, daß sie in die Käfige nicht eindringen kann.“

„Also wollten sie einen von uns umbringen!“ überschrie Tonja ihn, aufgelöst vor Zorn und Angst.

„Jetzt beruhige dich bitte und laß mich ausreden. Er hat vermutlich auch nicht geahnt, daß die Schlange sich aus ihrem Gefängnis befreien konnte. Haben wir irgendwo eine leere Tonne, in der wir sie fürs erste unterbringen können? Dann müssen wir uns nur überlegen, wie wir sie da reinbringen!“

Matthias schrie schrill auf. „Paps! Da sind noch zwei! Sie kommen aus der Kiste!“

„Ach du lieber Himmel!“ Die Mutter wurde blaß. „Sollten wir das Einfangen nicht lieber einem Fachmann überlassen? Ich rufe Doktor Mosner an!"

„Gute Idee, Mam! Und ich hole die Tonne. Im Bootshaus ist eine", erklärte Ben und rannte davon.

Die anderen blieben wie gebannt in der halboffenen Tür stehen und starrten auf die Schlangen, die ihrerseits vom Anblick der Tiere gefesselt waren, die ängstlich in den Käfigen hin und her huschten, oder geduckt dasaßen.

„Entschuldigung, darf ich mal vorbei?" erklang eine schüchterne Stimme hinter ihnen.

Automatisch wichen sie zur Seite.

Matthias erkannte ihn zuerst. „Spinne! Ich wußte es doch, ich wußte es, ihr wolltet ..."

„Matthias!" fuhr Paps seinen Jüngsten an. „Was Spinne wollte, wird er uns selbst sagen!"

Doch Spinne sagte zunächst gar nichts. Er hielt einen leeren Drahtkäfig in der Hand, den er im Geräteschuppen gefunden hatte. Mit dem schob er sich an den erstaunten Zuschauern vorbei, hob die Giftschlange behutsam auf und ließ sie in den Käfig fallen. Genauso machte er es mit den anderen beiden Schlangen.

„Tut mir leid", murmelte er. „Ich hatte nicht gedacht, daß sie aus der Kiste rauskönnen. Der Käfig hier ist wohl auch nicht so das Richtige für die. Sie haben doch sicher noch was Besseres auf Lager, oder?"

„Wir werden sehen!" Paps konnte sich nur langsam von seinem Erstaunen erholen. „Sind die nicht furchtbar gefährlich?" Vorsichtig trat er näher und studierte die großen Reptilien genau. „Ich habe von Schlangen nicht viel Ahnung, aber ich erinnere mich ..."

„Klar", fiel ihm Spinne ins Wort. „Ein Biß, und Sie fallen

tot um. Normalerweise. Denen hier hat man die Giftzähne gezogen. Oder wie immer man das macht, ich habe keine Ahnung!"

„Und woher hast du sie?" erkundigte sich Tonja, die sich auch nur langsam von ihrem Schrecken erholte. „Geklaut?"

Spinne verzog das Gesicht zu einem schiefen Grinsen, an dem abzulesen war, daß Tonja mit ihrer Vermutung nicht ganz falsch lag.

„Sie sind von einem Kumpel. Der hatte mal den Tick, sich lauter Raubtiere in seine Bude zu holen, um sich seine Alten von der Pelle zu halten. Einen Skorpion hatte er auch, aber der ist gestorben. Die hier sind ja auch schon halb tot – vor Hunger. Und dann immer in den engen Kisten, die konnten sich gar nicht richtig bewegen. Am Anfang hat er immer mit ihnen angegeben. Aber jetzt, wo ihn jeder mit ihnen schon gesehen hat ..."

„Jetzt langweilen sie ihn nur noch", vollendete der Vater den Satz. „Ich kann's mir schon denken."

„Der merkt überhaupt nicht, wenn sie weg sind. Und ich habe gedacht, wo ihr euch doch hier so um vernachlässigtes Viehzeug kümmert ..." Spinne zuckte hilflos die Achseln.

Tonja schob sich an den anderen vorbei bis zu dem Jungen vor. „Klar doch. Finde ich super, daß du die armen Kerle da rausgeholt hast!" Grinsend sah sie zu dem hochgewachsenen Jungen auf. „Mann, hast du uns einen Schrecken eingejagt! Wir dachten, das wäre ein Attentat!"

„Ist das wahr?" Spinne sah erschrocken auf Paps. „Tut mir echt leid, ehrlich!"

„Schon gut. Jetzt müssen wir uns aber um Futter für die Armen kümmern. Und für eine geeignete Unterbringung sorgen. Und dann werde ich mich mal erkundigen, wo man Interessenten für unsere exotischen Gäste finden kann, denn hierbleiben können sie auf die Dauer nicht."

„Du willst sie doch nicht mit unseren Kleintieren füttern, Paps? Das erlaube ich nicht!" flehte Matthias mit zitternder Stimme.

„Nein, nein. Was das betrifft, werden wir uns erst einmal mit Doktor Mosner unterhalten. Er kann uns da sicher helfen."

Noch während er sprach, hörten sie den Wagen des Tierarztes vor dem Tor halten. Augenblicke später stand er nach Atem ringend neben ihnen.

„Entwarnung", rief Paps. „Es war sozusagen blinder Alarm!"

Und dann erzählte er Dr. Mosner den Hergang ihres dramatischen Erlebnisses. Spinne mußte genau über die Lebensumstände und die Herkunft der Schlangen berichten, zumindest, soweit er dazu in der Lage war. Zu ihrer großen Erleichterung versprach der Tierarzt, die Reptilien sofort zu übernehmen und dem Zoo zuzuführen, der auf die Haltung solcher Tiere eingerichtet war.

„Hast du noch mehr solche Freunde? Vielleicht mit Krokodilen oder einem ausgewachsenen Löwen?" erkundigte sich Tonja scherzhaft, als Dr. Mosner mit seiner seltsamen Fracht den Hof verließ.

Spinne lachte gequält. „Das nicht gerade. Es ist bei uns in den Häusern verboten, Tiere zu halten. Trotzdem tun's manche heimlich."

„Das muß ja ein elendes Leben sein für die armen Kerle", bemerkte Ben.

Spinne sah ihn kampflustig von der Seite an. „Wen meinst du jetzt – die Leute oder die Tiere?"

„Die Tiere natürlich!"

„Deshalb haben sie sicher auch verboten, Tiere zu halten", stellte Matthias weise fest. „Weil es die Tierschützer nicht erlauben würden."

„Kinder sind nicht verboten", sagte Spinne scharf. „Glaubt ihr, denen geht's besser? Wohnt ihr doch mal in so einer Betonburg im zwölften Stock."

Die Geschwister sahen verlegen zu Boden.

„Was ist jetzt?" fragte Tonja schließlich. „Kannst du heute schon hierbleiben?"

„Nee, das geht nicht." Spinne wand sich, ehe er damit herausrückte: „Ich bin heimlich abgehauen. Sie wissen nicht, wo ich bin. Nicht mal Mike."

„Würdest du denn hierbleiben wollen?"

Spinne sah unschlüssig von einem zum anderen. Seinem Gesicht war anzusehen, daß er liebend gern schon heute auf dem Pferdehof Am Birkenfeld übernachtet hätte. „Sie würden es nicht verstehen!"

„Du meinst, Mike würde es nicht verstehen. Mike hielte dich für einen Verräter, ja?"

„Genau."

Tonja sah seufzend auf die Uhr. „Du hättest mit Mosner mitfahren sollen. Wenn du den letzten Bus noch erwischst, bist du frühestens um elf Uhr abend zu Hause. Einer müßte dich schnell runterfahren."

Spinne rührte sich nicht von der Stelle. „Na ja", sagte er achselzuckend, „vermissen würde mich sowieso niemand. Meine Mutter hat Nachtdienst, und mein Vater kommt erst

morgen zurück."
„Also geht's nur um Mike. Verstehe. Und jemand müßte deiner Mutter Bescheid sagen. Komm, gehen wir zu Paps ins Büro! Er organisiert das schon."

Spinne folgte den drei Geschwistern ins Haus. Tonjas Anerkennung für seine Rettungsaktion der Schlangen hatte in ihm ein nie gekanntes Gefühl der Zufriedenheit mit sich und seinem Leben ausgelöst. Plötzlich war nicht mehr alles nur sinnlos. Der Gedanke, daß die Schlangen jetzt in einem geräumigen hellen Terrarium gute Pflege fanden, machte ihn so froh, als hätte sich in seinem eigenen Leben etwas ganz Entscheidendes verändert. Oder hatte er selbst sich geändert? Etwas, das lange in ihm eingesperrt gewesen war, war mitbefreit worden, als er die Schlangen befreite. So jedenfalls empfand er es. Er würde hierbleiben. Und er würde sich vor Mike verteidigen. Es war gut, hier zu sein, bei diesen Menschen und den vielen Tieren. Der Birkenfeldhof gefiel ihm besser als irgendein anderer Platz auf der Welt ..., und das würde er sich von Mike nicht vermiesen lassen. Sollte der sich doch einen anderen Partner für seine Rachefeldzüge suchen, ihm war das egal.

Ein Wanderritt wird geplant

Paps hatte alles geregelt. Er hatte bei Spinnes Mutter angerufen, die auf der Intensivstation eines Krankenhauses als Schwester arbeitete, und er hatte Mike informiert. Am

5 4072-8

nächsten Morgen nahm er Spinne mit hinunter ins Dorf, um Mike vom Bus abzuholen.

Mike sprach kein Wort, er starrte verbittert vor sich hin und tat, als sei Spinne Luft. Spinne begnügte sich mit einem freundschaftlichen „Hi!“ Dann schwieg er ebenfalls. So erreichten sie den Hof.

Irgendwann wurde es Mike dann doch zu langweilig. „Warum hast du nicht auf mich gewartet, du Arsch!“ zischte er den Freund beim Aussteigen an. „Wir wollten alles zusammen machen, oder?“

„Das wolltest du! Mir hat es eben gestern total gestunken zu Hause. Ich hatte keine Lust mehr. Deshalb. Und weil's mir hier gefällt.“

Von den Schlangen sagte Spinne nichts. Mike hätte es doch nicht verstanden. Und die anderen hatten ihm versprochen, dichtzuhalten.

„Kommt erst mal mit in mein Büro“, sagte Jürgen Justin. „Ich möchte etwas mit euch besprechen!“

Zögernd und mit gemischten Gefühlen folgten ihm die Jungen ins Haus. Sie stiegen die Treppen in den ersten Stock hinauf und betraten das geräumige Zimmer, dessen weit offene Fenster zu den Zweigen einer großen Buche führten, so daß man sich wie in einem Baumhaus fühlte.

„Hier möchte ich mal Affe sein“, murmelte Spinne verträumt. „Sich einfach aus dem Fenster schwingen und von Ast zu Ast turnen!“

„Bist du doch sowieso. Ein Affe“, giftete Mike. „Also, los! Mach schon, schwing dich!“

„Ein Baumhaus bauen, keine schlechte Idee“, bemerkte Jürgen Justin lächelnd. „Vielleicht nicht gerade in diesem

Baum. Aber da sind etliche andere, die sich gut eignen würden."

„Kinderkram. Aus dem Alter sind wir ja wohl raus, oder?" Mike zog überlegen die Augenbrauen hoch.

„Ist man dazu jemals zu alt? Ganze Völkerstämme leben in Baumhäusern oder Pfahlbauten. Ich habe auf einer Afrikareise selbst einmal in einem solchen Baumhaus geschlafen. Es war ein tolles Erlebnis. Aber darüber wollte ich mit euch nicht reden. Setzt euch."

Die Jungen setzten sich gehorsam auf die beiden Sessel, die dem Schreibtisch gegenüber standen. Der Hausherr nahm auf der Schreibtischkante Platz, denn sein Stuhl war von Jeronimo, dem kleinen roten Kater belegt, der eng zusammengerollt so tat, als ob er im Tiefschlaf läge.

„Paßt auf. Ihr habt ja nun am vergangenen Wochenende mitbekommen, was hier auf dem Hof läuft. Das meiste dreht sich um die Pferde, ihre Pflege, ihre Bewegung, ihr Training. Deshalb brauchen wir vor allem Helfer, die mit Pferden umgehen können!"

Während der letzten Worte war Spinne blaß geworden. Wie ein Häufchen Elend sank er in seinem Stuhl zusammen. „Soll das heißen, daß wir wieder gehen müssen?" unterbrach er Justin hastig.

„Aber nein, im Gegenteil! Ich möchte, daß ihr reiten lernt. Keine Angst. Ich werde keine Gewalttouren mit euch machen. Ihr sollt langsam an den Umgang mit Pferden gewöhnt werden, sollt ihre Sprache lernen, wissen, wie man im Sattel sitzt und sich in den Grundgangarten verhält. Die Isländer sind gutmütig und auch für Laien leicht zu reiten. Ein paar Unterrichtsstunden, und ihr könnt mit ihnen über die Waldwege reiten. Ihr könnt mit den anderen Ausritte machen und seid voll dabei. Natürlich kann ich euch nicht zwingen ..., aber ich würde euch sehr raten, meinen Vorschlag anzunehmen."

Spinnes Adamsapfel hüpfte vor Aufregung. „Ich bin dabei! Fangen wir nachher gleich an?"

Mike kämpfte sichtlich mit sich. Einerseits begriff er, daß ihm hier eine einmalige Chance geboten wurde. Andererseits wollte er nicht das Gesicht verlieren. Und schließlich war da auch noch seine Angst vor Pferden. Da half nur noch der Schwindel mit der Allergie.

Jürgen Justin ahnte, was in dem Jungen vor sich ging. „Weißt du was", schlug er vor, „du siehst dir die Sache erst einmal an. Schau zu, wie Spinne mit dem Unterricht zurechtkommt, und wenn du magst, probierst du es auch einmal. Ich wette mit dir: Wenn du Spaß am Reiten findest, wirst du weder Hautausschlag noch triefende Augen bekommen. Also? Packen wir's an."

Spinne ging wie auf Wolken. War das Leben nicht wunderbar? Er wurde vom Richter für wiederholten Ladendiebstahl bestraft, und was kam dabei heraus? Er durfte Reiten lernen! Noch nie in seinem Leben hatte Spinne gute Vorsätze gefaßt, aber heute tat er es. Wenn er jemals im Leben wieder fremdes Eigentum anrührte, dann würde es höchstens Pferdefutter sein.

Am ersten Tag lernten sie, wie man an ein Pferd herangeht, wie man es anfaßt und führt. Jürgen Justin zeigte ihnen, wie man ein Halfter anlegt, wie eine Trense und ein Sattel beschaffen sind, und was es an Zubehör gibt. Dann mußten sie den Sattel auflegen und schließlich die Trense anlegen.

Für den Unterricht hatte Justin die sehr alte, gutmütige Ponystute Nanette in die Box geholt; sie ließ alles ruhig mit sich geschehen.

Als Spinne dachte, nun ginge es endlich mit dem Reiten los, gab es eine Lektion im Pferdeputzen und -füttern. Und dann wurden sie auf die Koppel hinausgeführt, wo die Isländer friedlich grasten.

„Ich möchte, daß sich jeder von euch den aussucht, mit dem er glaubt, Freundschaft schließen zu können. Stellt euch hin, ruft ihn, sprecht mit ihm und streichelt ihn. Dann legt ihr ihm das Halfter an. Laßt euch Zeit."

Spinne deutete sehr bald auf einen dunkelbraunen Wallach, der ihn neugierig musterte.

„Das ist Poldi, er ist noch nicht lange bei uns. Seinen Besitzern wurde er lästig, die Mädchen interessierten sich nicht mehr fürs Reiten. Er ist ein lieber Kerl, ganz unproblematisch und lammfromm. Ruf ihn!"

Spinne kroch durch den Zaun und stellte sich ein paar Meter entfernt von dem Braunen auf. „Poldi, komm! Komm her zu mir! Er kommt tatsächlich! Braves Pferdchen, so ist es gut. Wir sind Freunde, ja? Brav!"

Spinne versuchte, seinem Liebling das Halfter überzustreifen, aber der hatte überhaupt keine Lust, jetzt gesattelt zu werden und arbeiten zu müssen. Geschickt wich er dem Jungen aus und trabte davon. Ein paar Meter weiter blieb er stehen und sah Spinne auffordernd an.

„Er will mit dir spielen, merkst du das? Lock ihn noch einmal und nimm dir mehr Zeit, ihn zu kraulen und mit ihm zu reden", sagte Jürgen Justin. „Er hat deine Unsicherheit bemerkt, du mußt ein bißchen selbstbewußter sein!"

Spinne versuchte es noch einmal, aber nun wollte Poldi zuerst ein wenig Katz' und Maus spielen. Er ließ den Jungen bis auf Armeslänge herankommen und lief dann wieder ein paar Meter davon. Auf diese Weise überquerten sie zweimal die Koppel, bis Spinne seinen neuen Freund endlich überlistet hatte.

Tonja und Ben, die von weitem zusahen, amüsierten sich köstlich, hatten sie doch auf diesem Gebiet selbst schon Erfahrungen. Die Isländer waren lieb, aber schlau und übermütig.

Mike hatte sich nicht auf die Koppel getraut. Er war ein Stück weit am Zaun entlanggegangen und hatte träumerisch auf die Herde geschaut, als ginge ihn das alles nichts an. Die behutsame, humorvolle Art, in der Jürgen Justin ihnen den ersten Unterricht im Umgang mit Pferden gegeben hatte, hatte seinen Widerstand zwar schnell gebrochen und er hatte alles mitgemacht, aber das hier – auf einer freien Fläche gleich so vielen Ponys gegenüberzustehen – war eine andere Sache.

Die hübsche Stute dort, mit dem erdbraunen Fell, das stellenweise leicht ins Rötliche spielte, gefiel ihm. Sie hatte eine dichte, fast weiße Mähne und einen ebensolchen Schweif. Als hätte sie sich blondieren lassen, dachte Mike. Jetzt sah sie zu ihm herüber. Wunderschöne große Augen hatte sie. Irgendwie zärtlich guckte sie ihn an, als hätte sie ihn längst durchschaut und könne ihn gut verstehen. Wie magisch angezogen von seinem Blick, kam sie näher, bis sie sich Auge in Auge gegenüberstanden. Sacht hob sie den

Kopf und schnupperte, dabei blies sie ihm so vorsichtig ins Gesicht, daß es kitzelte. Mike blies zurück. Nur ein Hauch war es. Jetzt berührten sich ihre Nasen. Behutsam begann der Junge, den Kopf der Stute zu streicheln, glitt mit der Hand den Hals entlang und malte winzige Kreise auf das feuchtwarme Fell unter der dichten Mähne.

„Würdest du dich von mir reiten lassen?" fragte er leise. „Bei dir würde ich mich trauen!"

Die Stute hatte ihren Kopf an seine Schulter gelehnt und unter der streichelnden Bewegung die Augen genießerisch geschlossen. Mike nahm das Halfter, das neben ihm über dem Zaun hing, und streifte es der Stute über. Einfach so. Dann schlüpfte er durch den Zaun und führte sie zum Gatter, während Spinne immer noch hinter Poldi herlief.

„Bravo, Mike", sagte Jürgen Justin leise. „Das hast du gut gemacht. Und Blondchen ist genau die Richtige für dich."

Mike führte Blondchen zum Stall, um sie zu satteln, so wie er es gerade gelernt hatte. Auf dem Weg dorthin stellte er sich ihr vor und erzählte ihr aus seinem Leben. Er band sie außen am Stall an und holte den Sattel und die Trense. Der alte Kaminski half ihm lächelnd, ohne ein Wort. Da gab es auch nichts zu sagen.

Als Spinne – mit erhitztem Gesicht und außer Atem – Poldi triumphierend heranführte, war Blondchen bereits fertig aufgetrenst und gesattelt.

Spinne sah es fassungslos. „He, ich dachte, du bist auf Pferde allergisch?"

„Nur auf die, die mich nicht leiden können", gab Mike grinsend zurück.

Tonja, die Spinne gefolgt war, trat zu Mike und betrachtete fachmännisch sein Werk. „Gut. Den Nasenriemen kannst du noch ein Loch enger schnallen."

„Aber das tut ihr doch weh!"

„Keine Sorge! Wenn du willst, können wir zwei schon mal anfangen. Paps bespricht gerade noch etwas mit Ben."

Mike folgte Tonja mit Blondchen auf die Reitbahn. Als sie das Pony an die mitgebrachte Longe nehmen wollte, runzelte er die Stirn. „Willst du mich hier etwa an der Hundeleine rumführen? Ich mache mich doch nicht lächerlich!"

„Also, erstens ist die Hundeleine eine Longe, und zweitens fängt jeder Reiter so an. Alles andere wäre total laienhaft."

Nicht sehr begeistert gab Mike nach. Emma, die mit Titus im Schatten der Büsche ein Nickerchen gehalten hatte, trottete näher, als wollte sie sagen: Ehe du hier große Töne spuckst, zeig erst mal, was du kannst.

„Du wirst gleich sehen, warum wir die Arbeit an der Longe brauchen. Damit du dich zunächst vollkommen auf den richtigen Sitz konzentrieren und Gleichgewicht im Sattel finden kannst."

Tonja erklärte Mike das richtige Aufsitzen, die Haltung der Füße, der Schenkel und des Rückens. Sie ließ Blondchen ein paar Runden im Schritt gehen und korrigierte dabei laufend Mikes Sitz. Jetzt war er heilfroh, nicht auch noch auf die korrekte Stellung der Zügel achten zu müssen. Und als Spinne mit Poldi auf den Platz kam, versuchten sie gerade den ersten Trab. Mike freute sich unbändig, dem Freund ein Stück weit voraus zu sein, und wuchs vor Stolz im Sattel zum Reiterdenkmal.

Am nächsten Tag lernten die beiden Freunde vor allem eines: Was ein zünftiger Muskelkater ist. Mike stellte beim Frühstück jammernd fest, er habe nicht geahnt, wieviel Muskeln der Mensch besitze, und Spinne unkte, er würde wohl im Rollstuhl nach Hause zurückkehren müssen.

„Da hilft nur eins", riet Ben mitfühlend, „sofort wieder in den Sattel und tüchtig ins Schwitzen kommen. Das ist das einzige Mittel, das hilft."

„In den Sattel? Da müßt ihr mich schon mit dem Kran raufheben!" stöhnte Spinne. „Das schaffe ich nie!"

Aber irgendwie schafften sie es natürlich doch, und nach einer Stunde intensiven Reitunterrichts, zwei Stunden Boxen ausmisten und Heu abladen und anschließend einer kochendheißen Dusche, die Anna Kaminski ihnen verordnete, waren ihre Muskeln geschmeidig wie ein gut gewalkter Pizzateig. So jedenfalls äußerte sich Mike.

Als am Nachmittag die Veitsfeldener mit ihren Pferden herüberkamen, um auf dem Hof Am Birkenfeld zu helfen, gab es den ersten gemeinsamen Ausritt. Es war zwar nur ein Spaziergang im Schritt die Waldwege entlang, aber das war bei der Schwüle sowohl den Pferden als auch den Reitern gerade recht.

Steffi, die am Schluß der Gruppe ritt, beugte sich zu Tonja hinüber. „Kaum zu glauben, daß das dieselben Jungen sind, die vorige Woche bei euch antraten. Jetzt kann man echt mit ihnen auskommen!"

„Ja, Reiten ist eben doch die beste Medizin. Aber täusche dich nicht, sie brauchen eine Menge Hilfe. Sie sind so schnell entmutigt, wenn man sie kritisiert. Da sind sie total empfindlich."

Steffi lachte. „Dann solltet ihr sie mal mit nach Veitsfelden bringen, wenn wir Unterricht haben. Bei unserer neuen Trainerin zum Beispiel, der Willach! Da fliegen die Fetzen! Da wird ihnen wahrscheinlich Hören und Sehen vergehen."

„Keine schlechte Idee. Da können sie lernen, was es heißt, hart im Nehmen zu sein."

Spinne blickte sich mißtrauisch zu den Mädchen um. „Sprecht ihr von mir?"

„Ich habe Tonja gerade vorgeschlagen", antwortete Steffi mit einem Unschuldslächeln, „ihr solltet euch eine Probestunde bei uns in der Reitschule ansehen. Ob euch der Unterricht da mehr Spaß machen würde."

„Warum nicht!" Spinne reckte sich und sog tief den würzigen Duft der Fichten und Tannen ein. Der Boden unter ihnen federte und war so weich, daß er jedes Geräusch verschluckte. „Wenn du mich fragst, würde ich allerdings lieber nur noch so wie jetzt in der Gegend herumreiten. Das ist einfach einsame Spitze. Tagelang so unterwegs sein, das wär's! Ganz gemütlich natürlich. Habt ihr das schon mal gemacht?"

„Bis jetzt noch nicht", sagte Tonja. „Du, das wäre eigentlich die Idee! Vielleicht gibt Paps uns in den Pfingstferien ein paar Tage frei?"

„Ja, euch!" Spinne sah deprimiert zu Boden. „Uns wird so was sicher nicht erlaubt. Höchstrichterlicher Beschluß und so ..."

„Wenn Paps mit dem Ochsenfrosch redet? Der kriegt ihn schon rum. Und eure Eltern auch!" sagte Tonja überzeugt.

„Hört mal alle her, Kinder! Spinne hat einen Superplan! Wir machen zusammen einen mehrtägigen Wanderritt. Ganz lässig und entspannt, Urlaub für die Pferde und für uns! Na, was sagt ihr?"

„Klasse! Der Einfall hätte von mir sein können", rief Wolfi. „Mann, warum ist uns das nicht schon früher eingefallen?"

„Weil wir um diese Jahreszeit immer nur ans nächste Turnier denken", gestand Agnes. „Wir haben ja schon ein richtiges Brett vorm Kopf."

„Höchste Zeit, daß sich das ändert", stimmte ihr Ben zu. „Und wir haben immer ein schlechtes Gewissen wegen der Arbeit auf dem Hof. Aber irgendwann muß ja auch eine Pause angesagt sein. Und die Pfingstferien sind genau richtig für das Unternehmen."

„Genau. In den ersten paar Tagen trainieren wir mit Mike und Spinne noch ordentlich, und dann geht's los. Laßt uns umkehren und mit Paps reden", schlug Tonja vor. „Und dann geht's mit Volldampf an die Vorbereitungen!"

Wanderreiter unterwegs

Wie Tonja vorausgesagt hatte, machte es keine Mühe, von Richter Rinnebach und den Eltern von Mike und Spinne das Einverständnis zu dem Plan zu bekommen. Rolf Rinnebach freute sich außerordentlich, von dem Erfolg seiner Strafmaßnahme zu hören. Diese beiden Jungen würde er sicher nicht noch einmal vor dem Richtertisch sehen. Insgeheim überlegte er bereits, wen von seinen jugendlichen Straftätern er als nächsten auf den Pferdehof Am Birkenfeld schicken sollte. Aber davon ahnten die Justins zum Glück nichts.

Mit dem Beginn der Pfingstferien saßen Spinne und Mike, sooft es sich einrichten ließ, im Sattel. Ben, Tonja, Vater Kaminski oder Jürgen Justin gaben ihnen abwechselnd Unterricht, und einmal ritten sie mit den drei Geschwistern sogar nach Veitsfelden hinüber und nahmen dort am Unterricht für die Anfänger teil. Danach allerdings schworen sie sich: Nie wieder! Keiner ihrer bisherigen Reitlehrer hatte es gewagt, sie so erbarmungslos herunterzuputzen wie dieser Drache Roswitha Willach. Nur die Tatsache, daß es den anderen nicht besser ergangen war, hatte sie davon abgehalten, die ganze Reiterei aufzugeben.

„Macht euch nichts draus", tröstete Tonja sie auf dem Heimritt. „Später werdet ihr feststellen, daß dieser Unterricht sehr, sehr wichtig war. Immerhin habt ihr in diesen wenigen Tagen schon eine ganze Menge gelernt!"

„Mir jedenfalls reicht es", erklärte Spinne säuerlich. „Ich will ja nicht Turnierreiter werden, sondern im Sattel gemütlich durch die Landschaft wandern. Was brauche ich da Volten und Schlangenlinien!"

Tonja verkniff sich eine Lektion über den Sinn von Volten und Schlangenlinien bei der Erziehung des Pferdes – und seines Reiters. Das hatte Zeit. Beim gemeinsamen Wanderritt würde es Gelegenheit genug geben, über diese Dinge zu reden und sie den beiden Neulingen im Sattel ganz nebenbei zu vermitteln.

Jetzt war es besser, das Thema zu wechseln. „Hört mal, wir müssen dringend mit den Vorbereitungen beginnen, wenn wir in wenigen Tagen starten wollen! Gleich nach dem Abendbrot setzen wir uns zusammen und machen eine Liste, was wir alles brauchen. Auch die Pferde müssen weiterhin trainiert und gut vorbereitet werden! Aber sie sind alle fit!"

„Wollen wir eigentlich Zelte mitnehmen oder uns Quartiere suchen?" erkundigte sich Matthias.

„Auf jeden Fall nehmen wir unsere Schlafsäcke mit. Einen Schlafplatz in einer Scheune oder einem Stall finden wir immer. Ich find's einfach nicht gut, wenn die Pferde auch noch die Zelte schleppen müssen", sagte Ben. „Haben wir überhaupt genug Satteltaschen?"

„Die Veitsfeldener können uns noch welche leihen, ich habe mich schon erkundigt", berichtete Tonja. „Auch Tränkbeutel."

„Tränkbeutel?" fragte Mike verwundert.

„Ja, wir wollen uns und die Pferde doch nicht mit Eimern belasten. Und nicht alle Pferde mögen aus einem schlammigen Teich oder einem Bach trinken. Die Isländer sind da unkompliziert, doch bei den anderen weiß man's nie. Auch das Kraftfutter bekommen sie aus Beuteln, wie zu Urgroßvaters Zeiten die Droschkenkutscherpferde!"

„Habe ich schon mal gesehen. In Wien, bei den Fiakern!"

„Das wichtigste ist erst einmal die Strecke", fuhr Tonja fort. „Die muß genau festgelegt und die Kilometer ausgerechnet werden. Vierzig bis fünfundvierzig am Tag kann man schaffen."

„Wieso?" fragte Spinne enttäuscht. „Ich dachte, wir reiten einfach auf gut Glück los!"

„Um dann abends mit todmüden Pferden irgendwo mitten im Wald zu stehen und nicht zu wissen, wo man sich befindet? Nein, mein Lieber, das würdest du nicht einmal im Wilden Westen machen", erklärte Ben. „Ein Etappenziel muß festgelegt sein. Überraschungen gibt es auch so noch genug auf so einer Wanderung zu Pferd. Sturm, Gewitter, Brücken oder Flüsse, die nicht passierbar sind, Unterführungen, die für die Pferde zu niedrig sind, abgesperrte Gebiete und so weiter und so weiter ..."

„Na ja, ihr seid die Profis, ihr werdet das schon in die Reihe kriegen."

„Irrtum. Wir machen das gemeinsam."

Und so geschah es. Wenn Mike und Spinne gehofft hatten, sich, während die anderen die Strecke austüftelten, bei den Kaminskis den Krimi im Fernsehen anschauen zu können, so wurden sie eines Besseren belehrt. Gleich nach dem Abendessen setzten sie sich um den großen runden Tisch im Eßzimmer und breiteten die Karte aus. Auch Philipp, Wolfi, Agnes und Ulla waren aus Veitsfelden herübergekommen. Ulla hatte im Büro aus einem Handbuch die Seiten fotokopiert, auf denen sämtliche Reitvereine, Reitställe und Gestüte aufgelistet waren. Die waren bei so einem Ritt wichtige Anlaufstellen.

Da sie nicht die Möglichkeit hatten, sich am Zielpunkt ihrer Wanderung mit Autos und Pferdetransportern abholen zu lassen, kam nur ein Rundritt in Frage.

„Ich schlage vor, wir reiten zuerst nach Süden direkt auf die Berge zu", sagte Philipp, „und wenden uns dann nach Osten, so etwa bis zur österreichischen Grenze. Dann im

Bogen wieder nach hier zurück."

„Finde ich gut!" stimmte Ulla ihm zu. „In der Gegend gibt es eine Menge zu sehen. Kirchen, Klöster, Schlösser, Museen!"

„Ich denke, wir wollen reiten", maulte Mike, „Kultur auch noch!"

„Das haben sich meine Eltern schon seit Jahren nicht mehr getraut, mich in die Kirche zu schicken!" Spinne kicherte. „Ihr habt sie ja nicht mehr alle!"

„Keiner wird gezwungen", sagte Tonja gleichmütig. „Wer draußen bleibt, darf die Pferde halten."

„... Außerdem jede Menge Seen zum Baden", fuhr Ulla ungerührt fort. „Und wenn die Pferde einen Ruhetag brauchen, können wir mit der Seilbahn auf einen der Gipfel fahren. Wer will, kann natürlich auch klettern, aber das ist nicht so mein Fall!"

„Bravo", murmelte Mike. „Du bist mir sympathisch!"

Ben machte sich an die Einteilung der Strecke. Luftlinie dreißig Kilometer bedeutete etwa fünfundvierzig Kilometer zu Pferd, hatte er sich unterrichtet. „Ja, bei sechs Tagen kommt das ganz gut hin", stellte er zufrieden fest. „Jetzt laßt uns mal sehen, was es in den Abschnitten für Reitställe gibt. Ulla und ich kümmern uns um die Adressen, und ihr macht euch schon mal an die Liste für unsere Ausrüstung, damit wir ein bißchen schneller vorwärtskommen. Eine Grundliste und dann noch eine, auf die ihr links schreibt, was vorhanden ist, und rechts das, was wir noch besorgen müssen."

„Aye, aye, Sir."

Wolfgang schob Spinne ein aufgeschlagenes Buch hin

und nahm Schreibblock und Stift zur Hand. „Da, diktiere du. Sachen, die wir nicht unbedingt brauchen, lasse ich weg. Los geht's."

„Mike und Matthias, ihr geht auf den Speicher und sucht zusammen, was da an Pferdedecken hängt. Außerdem die Rucksäcke und die Satteltaschen, falls die noch existieren", rief Tonja. „Agnes und ich überlegen, was wir an Proviant mitnehmen."

Mit Feuereifer machten sie sich an die Arbeit. Jetzt, da der Plan Wirklichkeit wurde, erwachte auch das Reisefieber. Freudige Erregung breitete sich aus, und der eine oder andere spürte auch schon mal den von Turnieren her allzu vertrauten Schwarm Schmetterlinge im Magen. Die vertrieb Felizitas Justin, indem sie eine große Schüssel Vanille-Eis mit Erdbeeren auftischte. Zur Stärkung und Anregung der kleinen grauen Zellen, wie sie sagte.

Als die Liste fertig vor ihnen lag, gab es lange Gesichter. Wie sollten sie das alles beschaffen! Satteltaschen fehlten, eine Laufleine, weitere Pferdedecken, Regenschutz, Cowboystiefel oder feste Wanderschuhe, denn die hohen Reitstiefel eigneten sich weniger gut, wenn man zwischendurch die Pferde führen mußte, was in den Bergen immer wieder mal vorkam. Von jedem war etwas vorhanden, aber bei weitem nicht genug, um fünf Reiter vollständig auszurüsten. Wie sollten sie das alles zusammenbekommen!

„Kompaß, Reiseapotheke, Karabinerhaken, Metallringe für die Laufleine, ein Anglerseil von fünfzehn Metern Länge, Impfpässe, Sonnenhut, Streichhölzer, Brennwürfel, Kochtopf ... Mann, das wird ja ein ganzes Warenlager", stöhnte

Tonja. „Dann die Kleidung zum Wechseln, Teller, Becher und Besteck für jeden, Badezeug, Handtücher, Klopapier, Sonnencreme, Mittel gegen Insektenstiche, Pferdefutter, Putzzeug, Stallhalfter, Schlafsäcke…"

„Für die Pferde?" fragte Mike grinsend.

„Das bringst du, dein Blondchen in deinen Schlafsack zu stecken und selber auf dem nackten Boden zu schlafen!" Ben lachte.

„Na, mit reinkriechen würde ich schon. Da müßte ich ihr eben ein bißchen die Luft rauslassen."

„Wie bei einer Gummiente!" Spinne quiekte vor Vergnügen.

„Jetzt albert hier nicht rum! Denkt lieber darüber nach, wo wir das ganze Zeug so schnell herkriegen", fauchte Tonja. „Sonst können wir das Unternehmen nämlich gleich abblasen!"

„Ein Mann der Tat weiß immer Rat", ließ Matthias einen seiner Sprüche los. „Ich rede mal mit Paps. Gib die Liste her."

Mit Hilfe der Erwachsenen – auch Tante Marga zeigte sich zu einer Spende in Form von zwei Schlafsäcken und einem Paar Cowboystiefel für Tonja bereit – bekamen sie ihre Ausrüstung dann doch zusammen. Manches ließ sich improvisieren oder ausleihen, anderes wurde von Paps eingekauft und unter der Rubrik „notwendige Neuanschaffung" verbucht. Mam und Anna Kaminski sorgten für den Proviant. Tonja hatte sich insgeheim noch ein paar Küchentips geben lassen, damit sie sich beim Kochen auf freiem Feld nicht blamierte.

*

6 4072-8

Drei Tage später standen sie mit fertig aufgepackten Pferden auf dem Hof. Die Satteltaschen waren gewogen und zur Sicherheit an einem Balken hängend daraufhin überprüft, ob das Gewicht auf beide Seiten des Sattels gleichmäßig verteilt war. Schlafsäcke und Pferdedecken waren aufgerollt hinter die Sättel gebunden, Papiere und Proviant trugen sie im Rucksack mit sich. Ebenso den Regenschutz.

„Wir sehen aus wie Kamele mit sieben Höckern", stellte Spinne fest und stopfte seine Mundharmonika in die Jakkentasche. Er hatte lange nicht mehr gespielt und war sich nicht sicher, ob er nicht alles verlernt hatte; aber zu einem zünftigen Lagerfeuer à la Cowboy gehörte das einfach dazu.

„Habt ihr eure Ausweise eingesteckt?" fragte Paps und half Tonja in den Sattel des temperamentvollen Braunen Goldoni, der sich noch in der Ausbildung befand und demnächst einen guten Käufer finden sollte. Für Goldoni würde diese Wanderung so etwas wie eine Reifeprüfung sein, ob er in jeder Situation in der Lage war, die Nerven zu behalten und im Gelände wirklich zuverlässig ging. Natürlich hätte Tonja diesen Ausflug lieber mit Merlin gemacht; sie hatte aber eingesehen, daß die Isländer für eine solche Strecke – querfeldein und hinauf und hinab durch die Berge – von Natur aus die besseren Voraussetzungen mitbrachten.

Auch die Veitsfeldener waren aus diesem Grunde auf Isländer umgestiegen. Daß alle Pferde annähernd über die gleiche Kondition verfügten, war dabei ein weiterer Vorteil; so brauchten sie nicht zu befürchten, daß einer ihrer

Vierbeiner bereits vor dem Erreichen des jeweiligen Tagesziels schlappmachte.

Bevor sie den Hof verließen, hieß es: aufstellen fürs Familienfoto. Ben mußte sein Amt als Fotograf vorübergehend abgeben und überließ seiner Mutter den Apparat. Es dauerte eine Weile, bis sie die Pferde so dicht nebeneinander aufgestellt und für einen Augenblick zur Ruhe gebracht hatten, um das Traumfoto zu schießen. Bis dahin hatte Felizitas Justin bereits einen halben Film abgeknipst, der später dokumentierte, wie schwierig es ist, eine Herde erlebnishungriger, nach Bewegung drängender Ponys in eine Reihe zu bringen.

„Und nun – in Zweierreihen nach rechts brecht ab – marsch!" rief Paps. „Hals und Beinbruch! Und vergeßt nicht, uns zwischendurch mal anzurufen!"

„Ciao, Paps! Ciao, Mam! Macht's gut!"

„Wiedersehen, Kinder!"

„Habt eine schöne Zeit!"

Leo riß das Tor auf, und die Reitergruppe verließ den Hof.

Mam rannte mit dem Fotoapparat noch ein Stück weit hinterher und fotografierte den Abmarsch der Kolonne. Dann sprintete sie zu Ben nach vorn und übergab ihm den Apparat. „Und vergiß nicht, möglichst viele Aufnahmen zu machen, wir wollen später alles genau zu sehen bekommen!"

„Logo, wir auch! Ich habe zehn Filme mit."

Felizitas Justin blieb auf der Brücke zurück und winkte der Gruppe lange nach. War es leichtsinnig, die Kinder allein auf einen solchen Wanderritt zu lassen? Unsinn, sagte sie sich. Es gab in jedem Dorf, jedem Bauernhof ein Telefon, jeden Abend würden sie auf einer Reitanlage oder einem Bauernhof erwartet und versorgt werden. Ob sie mit den Pferden nun hier durch die Wälder streiften oder fremde Wege ritten, machte kaum einen Unterschied. Und schließlich waren die meisten erfahrene Reiter und eine Gruppe von Freunden, in der einer dem anderen half.

Beruhigt kehrte sie ins Haus zurück.

Die Stimmung der jungen Reiter konnte man nur als übermütig bezeichnen. Philipp, als Ältester, ritt mit Agnes an der Spitze. Der temperamentvolle Pumuckl, den er unterm Sattel hatte, drängte heftig gegen den Zügel, als könne er es nicht erwarten, endlich einmal aus dem vertrauten Gebiet herauszukommen. Andi, den Agnes ritt, wirkte dagegen noch etwas verschlafen, aber eine gewisse Trägheit war ohnehin sein Markenzeichen.

„Seid ihr alle da?“ rief Philipp. „Wer fehlt, bitte sofort melden!“

„Durch Handaufheben oder Schreien?“ kam es von hinten.

„Abzählen! Agnes?“

„Hier!“

„Tonja?“

„Hier.“

„Ulla?“

„Anwesend.“

„Ben?“

„Moment, was hast du gefragt?“

„Also anwesend. Wolfi?“

„Abwesend.“

„Macht nichts, Hauptsache, du sitzt auf dem Pferd. Steffi?“

„Kommt so allmählich zu sich.“

„Wenn du Hilfe brauchst, wir haben kaltes Wasser da. Nicola?“

„Voll da.“

„Matthias?“

„Autos bitte nicht hupen, Reiter und Pferd schlafen.“

„Häng dir ein Schild auf den Rücken. Spinne?“

„Noch im Sattel.“

„Brav. Mike? He, Mike!“

„Ja? Was ist denn?“

„Vergiß es.“

„Er hat ein dienstliches Gespräch mit Blondchen“, rief Steffi. „Was haltet ihr von einem Galopp in den frischen Frühlingsmorgen?“

„Eins nach dem anderen. Jetzt erst mal im Arbeitstempo Terrrrrab“, rief Philipp im schönsten Roswitha-Willach-Ton, der Spinne sofort einen Aufschrei entlockte.

Im leichten Trab ging es durch die Wiesen zum Dorf hinunter. Noch war die Luft frisch; der Himmel spannte sich über ihnen wie ein Zelt aus lichtblauer Seide, doch kein Lüftchen regte sich. Es versprach, ein heißer Tag zu werden.

Blondchen schnaubte kräftig ab und reckte die Nase in die Luft. Mike wußte, daß er die Zügel mal wieder zu lang ließ, aber schließlich sollte Blondchen ihren Spaß haben. Er mochte schließlich auch nicht mit gebogenem Hals, eine Metallstange im Mund, ständig auf seine Füße schauen, sondern wollte den Himmel sehen.

Blondchen stolperte leicht, und Mike kippte nach vorn und konnte sich gerade noch im Sattel halten.

„Mike, Zügel kürzer", sagte Tonja vor ihm, ohne hinzusehen.

„Ja doch, ich weiß ja." Verwirrt nahm er die Zügel auf und verhandelte stumm mit Blondchen, um wieviel sie freiwillig bereit war, den Hals zu biegen. Irgendwann hatten sie sich auf der Mitte geeinigt. Mike klopfte ihr zärtlich den Hals. Mann, dachte er, Mann, wenn mir das einer vor vier Wochen gesagt hätte! Ich hätte ihn in die Klapsmühle geschickt.

Mamma mia, Mamma Mike!

Als sie im Schritt durchs Dorf ritten, gingen rechts und links der Straße die Fenster auf. Eine so große Gruppe Reiter sah man selten, und die Herde der Isländer in ihrer unterschiedlichen Fellfärbung war ein reizvoller Anblick. Man winkte den jungen Wanderreitern zu, erkundigte sich nach dem Ziel und wünschte ihnen Glück für die Reise. Pfarrer Franziskus Muggenberger kam aus dem Pfarrhaus und überreichte Tonja einen geheimnisvoll aussehenden Leinenbeutel, ein wenig Proviant aus eigener Herstellung, wie er ihr zuraunte. Es duftete köstlich nach noch warmen Fleischpastetchen und Käse-Schinkenhörnchen, und Tonja konstatierte zufrieden, daß sie an diesem ersten Tag wohl nicht kochen mußte. Entsprechend überschwenglich fiel ihr Dank aus. Der Pfarrer sah ihnen lange nach, und Tonja überlegte, ob er wohl im stillen ein Segensgebet sprach, um sie auf ihrer Wanderung zu schützen. Kann nicht schaden, dachte sie, schließlich wollen wir gesund wieder nach Hause kommen. Wir und unsere Pferde.

Bald hinter dem Dorf kamen sie in ein Gebiet, das ihnen bereits ziemlich fremd war. Jenseits der Hauptstraße waren sie bisher selten gewesen. Hier gab es große Rinderweiden, einzeln liegende Höfe, auf denen keine Pferde gehalten wurden, und ein Sägewerk. Der Weg führte bald bergan in den Wald hinein, und sie tauchten in das Dunkel engstehender Fichten.

Sie mußten hintereinander reiten und nicht selten den Kopf einziehen, um nicht von niedrig hängenden Zweigen geohrfeigt zu werden.

„Hast du den Kompaß dabei?" erkundigte sich Tonja bei Philipp.

„Fürchtest du, wir könnten auf dem falschen Weg sein? Keine Sorge, wir kommen gleich auf eine breitere Schotterstraße, die zur Kiesgrube hinaufführt. Auf der reiten wir über den Kamm auf die andere Seite und haben dann dort eine Superstrecke den Südhang entlang, teils am Waldrand, teils durch die Wiesen."

Philipp hatte nicht zuviel versprochen. Der Weg, der am Südhang des bewaldeten Hügels entlang führte, bot alles, was sich ein Wanderreiter wünschen konnte: einen weiten Blick über das Tal und die dahinterliegenden Berge, federnden, ebenmäßigen Boden, hohe Buchen, die einen angenehmen Halbschatten abgaben, und eine übersichtliche Streckenführung, kurz, eine ideale Galoppstrecke.

„Jepeeeh!“ schrie Philipp und drückte Pumuckl die Absätze in die Flanken. Der schwarzbraune Wallach flog vorwärts.

Das war für Tonja das Signal, ihren Indianerschrei loszulassen. Goldoni streckte sich unter ihr und schoß davon, ließ die anderen Pferde hinter sich und setzte sich weit voraus an die Spitze der Gruppe. Als Schlußlichter folgten Spinne und Mike, aber das machte ihnen nichts aus. Hauptsache oben bleiben, hieß ihre Devise, und nach wenigen Metern fanden sie sich in den Rhythmus der weitausholenden Sprünge ein und machten die wiegende Bewegung mit. Herrlich war das! Eine alte Frau stand, einen kleinen Jungen an der Hand, seitlich auf einer Wiese und schaute ihnen bewundernd nach, im Gesicht des Jungen war fassungsloses Staunen. Spinne fühlte sich wie John Wayne persönlich, und Mike wünschte sehnsüchtig, seine Eltern könnten ihn jetzt sehen.

Nach zwei Kilometern machte der Weg eine scharfe Biegung nach links in den Wald hinein. Von hier aus ging es wieder bergauf, und sie parierten zum Schritt durch. Der dichte Mischwald wuchs über ihren Köpfen zu einem Tunnel zusammen, die Luft war modrig und kühl von verfaulendem Laub. Aber bald hatten sie den Waldrand erreicht, und nun führte sie der Weg zwischen gelb blühenden Rapsfeldern und grüner Saat ins Tal hinunter, bis an einen Bachlauf, dem sie folgten. Hier hielten sie eine kurze Rast.

„Was hat dir der Pfarrer eigentlich da vorhin zugesteckt?“ erkundigte sich Wolfi und schnüffelte wie ein Hund den Beutel ab, den Tonja jetzt aus ihrem Rucksack zog.

„Ich weiß nicht“, antwortete Tonja scheinheilig. „Ich denke, es werden ein paar Rüben und Äpfel für die Pferde sein.“

„Nun zeig schon her!“

„Stellt euch in einer Reihe auf, es wird gerecht verteilt!“ befahl Tonja streng. „Und laßt mir etwas übrig. Schließlich habe ich das Zeug die ganze Zeit geschleppt!“

Sie zog eine große Papiertüte aus dem Beutel und begann, die köstlich nach gebratenen Zwiebeln und Fleisch duftenden Pastetchen zu verteilen. Bald saßen sie neben ihren grasenden Pferden am Ufer des Baches und ließen es sich schmecken. Den Pastetchen folgten die Käse-Schinkenhörnchen, dazu gab es Saft aus den mitgebrachten Picknickflaschen, von denen jeder eine im Rucksack mit sich führte.

„Aufsitzen, Leute, keine Müdigkeit vorschützen“, mahnte Ben. „Wir haben noch eine große Strecke vor uns. In zwei Stunden gibt's die nächste Rast.“

„Das beruhigt mich ungemein“, murmelte Wolfi und stand ächzend auf. „Ich weiß nicht, habe ich schon wieder oder immer noch Hunger?“

„Ich ahne Fürchterliches!“ Tonja sah Steffi beschwörend an. „Was machen wir, wenn wir die Bande nicht satt kriegen?“

„Wir schicken sie in die Wälder zum Jagen, das war schließlich schon bei den Neandertalern so. Die bringen uns den Büffel, und wir braten ihn am Spieß. Ich finde es sowieso groß von uns, daß wir den Küchendienst übernommen haben. Emanzipierte Frauen, die wir sind.“

Philipp grinste. „Hm, ich hab mich schon gewundert. Sonst achtet ihr doch so genau auf die gerechte Arbeitsteilung."

„Ganz einfach", stellte Agnes fest. „Wir essen eben gern was Ordentliches. Und man kann nicht gerade sagen, daß unter euch ein begnadeter Koch zu finden ist."

„Spinne kocht super!" platzte Mike heraus und erntete dafür einen Fußtritt des Freundes.

Tonja, Steffi, Ulla und Agnes sahen sich an. Dann umringten sie den Jungen und rückten ihm schmeichelnd nahe.

„Ist das wahr, Spinne? Warum erfährt man davon nichts? Willst du uns das nicht mal beweisen", gurrte Agnes.

Spinne wurde rot. Verlegen sah er auf seine Stiefelspitzen. „Och, ist alles Übertreibung!"

„Wir werden sehen. Was kannst du besonders gut?"

„Pfannkuchen. Das heißt, eigentlich mehr Kaiserschmarrn. Ich plane immer Pfannkuchen, und dann wird's ..."

„... ein Schmarrn, verstehe schon", sagte Tonja mitfühlend. „Das passiert mir auch öfter. Und noch?"

„Grillen kann ich ganz gut!"

„Gebucht. Heute abend. Ihr erlegt inzwischen ein Wildschwein, Leute. Es darf auch so was wie ein Hirsch sein", ordnete Steffi an.

„Was ist, wollen wir hier übernachten? Wir müssen weiter", drängte Matthias. „Es reitet kühn der Mann von Welt, eh' er zur nächsten Rast anhält."

„Aua."

„Du solltest zur Werbung gehen!"

Lachend schwangen sie sich in die Sättel und trabten davon. Bald ging es wieder den Bergen zu, und schließlich wurde der Weg so schmal und steil, daß sie absteigen und die Pferde führen mußten. Gelächter und Gespräche verstummten. Es war heiß geworden, T-Shirts und Reithosen klebten ihnen am Körper. Die Nacken waren schweißnaß, die Haare verklebt, und das Leder der Zügel weichte in den feuchten Händen.

„Rettung, Leute! Da vorn kommen wir an einen Wasserfall!“ rief Wolfi und beschleunigte seine Schritte.

Tatsächlich rauschte wenige Meter weiter Wasser über einen Felsen hinunter. Von dieser Quelle der Erfrischung trennte sie allerdings ein ganzer Wald von Brennesseln.

„Na? Wer traut sich?“ fragte die kleine Nicola und sah die großen Jungen herausfordernd an.

„Ach, weißt du, vielleicht sollten wir noch ein Stück weiter aufsteigen und erst mal feststellen, ob das Wasser nicht irgendwo da oben durch eine wilde Müllkippe fließt“, meinte Ben gedehnt. „Vielleicht ist es vergiftet.“

„Weiß schon. Wer aus mir trinkt, wird ein Tiger, oder so.“

„Na kommt. Nur noch ein Stück, dann sind wir auf einem breiten ebenen Weg. Und zwei Kilometer weiter in einem Dorf, da machen wir Rast.“ Philipp zog den unwilligen Pumuckl vorwärts.

„Die haben die Pferde auch nötig. Andi fällt schon über seine eigenen Füße“, erklärte Agnes.

„Nur, weil er beim Laufen schläft, der alte Faulpelz!“

Einer nach dem anderen kletterte den schmalen Pfad hinauf, sein Pferd am Zügel. Und bald klang aus der Höhe ein begeistertes „Geschafft! Ich bin oben, Leute!" Philipp stand als erster auf der breiten Schotterstraße, die sie sanft bergab ins Dorf führte.

„Den Weg sollten wir aber für zukünftige Touren von der Karte streichen, der ist doch höchstens für Ziegen geeignet", stöhnte Steffi.

Wolfgang sah sie grinsend von der Seite an. „Eben."

„Auch noch frech werden! Na, warte!" Steffi zog mit ihrer Reitgerte dem rasch ausweichenden Wolfi eins über die Stiefel. Dabei erwischte sie die Hufe seiner Stute Vicky, die mit Recht einen ärgerlichen Satz zur Seite machte.

„He, Kinder, laßt den Quatsch. Wollt ihr unbedingt, daß sich eure Pferde hier auf der unebenen Strecke verletzen?" rief Ben ärgerlich. „Na los, vorwärts."

Endlich hatten sie die Straße erreicht und zogen sich erleichtert in den Sattel.

„Alle da?" fragte Philipp und sah in die Runde. „He, Mike fehlt noch! Mike, wo bist du?"

„Hier!" kam es dumpf aus der Tiefe. „Wartet einen Moment!"

„Hast du Probleme?" erkundigte sich Tonja besorgt.

„Nicht direkt. Ich habe was gefunden!"

„Was denn?"

Mike blieb die Antwort schuldig. Auch auf weitere Anfragen hin blieb alles still. Gerade als Ben sich aufmachen wollte, um den Jungen zu suchen, kam er den Pfad herauf. Mit der rechten Hand hielt er Blondchens Zügel, in der Linken trug er vorsichtig sein zu einem Beutel zusammengerafftes Sweatshirt.

„Hast du Pilze gesucht?" fragte Tonja amüsiert. „Oder

nach Gold gegraben?"

Mike schüttelte den Kopf. Immer noch keuchte er von der Anstrengung des Aufstiegs. Endlich kam er zu Atem. „Ich hab ein Baby gekriegt."

Tonja sah ihn fassungslos an. „Sag das noch mal!"

Statt einer Antwort öffnete Mike vorsichtig das zusammengeknotete Hemd und ließ Tonja einen Blick hineinwerfen. Auf dem Boden dieser improvisierten Höhle saß ein junges Eichhörnchen.

„Es lag unter einem Baum. Ich glaube, es ist aus dem Nest gefallen. Es hat Hunger, es muß dringend was zu trinken kriegen. Glaubst du, ich kann ihm Milch geben?"

„Bloß nicht, die ist viel zu fett. Wir müssen Babynahrung besorgen, wenn wir jetzt ins Dorf kommen. Und eine Pipette. Soll ich es nehmen?"

„Nein!" Mike schloß den Beutel schnell und trat einen Schritt zurück. „Ich will es pflegen."

Tonja lachte. „Alo dann, Mamma Mike, wenn du Hilfe brauchst, sag es. Wie soll dein Baby heißen?"

„Herkules. Damit es groß und stark wird", erklärte Mike grinsend, wurde aber sofort wieder ernst. „Hoffentlich kriege ich es durch!"

Beim Auftauchen von Mike waren die anderen losgeritten. Mike und Tonja folgten ihnen in einigem Abstand zum Dorf hinunter. Gleich am Anfang der Ortschaft fanden sie ein Wirtshaus mit einem schattigen Biergarten und einem Wiesenstück, das als Spielplatz für die Kinder diente und auf dem sie ihre Pferde anbinden durften. Sonntags war der Garten überfüllt, aber heute, am Anfang der Woche, saßen lediglich zwei alte Männer beim Bier zusammen und schwiegen bedeutungsvoll vor sich hin. Von den jungen Reitern nahmen sie kaum Notiz.

Mike war schnurstracks ins Haus gegangen und zur Theke geeilt. „Entschuldigung, wo finde ich hier eine Apotheke?"

„Eine Apotheke?" Die junge Wirtin sah ihn mitleidig an. „So was haben wir hier nicht. Da mußt du schon bis ins Nachbardorf weiter. Was brauchst du denn, Bub?"

„Babynahrung."

„Babynahrung." Die Frau schaute Mike zweifelnd an.

„Nicht für mich", stottert er, „ich . . . ich hab heute ein Kind gekriegt . . . Äh, nein, nicht, was Sie denken, ich meine, ich habe einen kleinen Schützling . . ."

Da es offensichtlich schwierig war, sich verständlich zu äußern, ließ Mike die Wirtin einen Blick in seinen improvisierten Beutel werfen. Im Dunkel war kaum auszumachen, was sich da ängstlich zusammenkringelte.

Die Wirtin stieß einen spitzen Schrei aus. „Is dös a Ratz?"

„Eine Ratte? Nein! Ein junges Eichhörnchen. Aus dem Nest gefallen."

„Ja so, an Eichkatzl. Wart amal, Babynahrung hab ich im Haus. Von meiner Kleinen. Da kann ich dir was abgeben."

„Super! Eine Pipette haben Sie nicht zufällig?"

Nein, die hatte die freundliche Wirtin leider nicht. Aber ein alter Gummihandschuh fand sich, von dem schnitt sie den kleinen Finger ab und bohrte ein Loch hinein. Für das winzige Eichhörnchen war zwar auch der noch zu groß, aber es gelang Mike immerhin, Tropfen der warmen Flüssigkeit in sein halbgeöffnetes Schnäuzchen zu träufeln. Von der Wirtin bekam er den Rat, dem Tierchen alle halbe Stunde ein paar Tropfen zu geben. Mike versprach es. Selbstvergessen saß er mit seinem Adoptivkind in einer Ecke und freute sich an jedem Schluck, den der kleine Kerl tat.

Die anderen hatten inzwischen die Pferde versorgt, sich dann im Biergarten niedergelassen und große Krüge Limo und Cola bestellt. Erst nach einer Weile fiel ihnen auf, daß Mike in der Gruppe fehlte. Wo blieb er die ganze Zeit? War Tonja nicht mit ihm zusammengewesen?

„Ist ihm schlecht?" fragte Spinne beunruhigt. „Hat er schlappgemacht?"

Tonja kicherte. „Im Gegenteil. Er gibt seinem Baby die Brust."

Steffi verschluckte sich an ihrer Cola. Auch die anderen prusteten los. „Er tut was, bitte?"

Tonja erzählte von Mikes Fund und daß er sich in den Kopf gesetzt habe, das winzige Eichhörnchen großzuziehen. „Und nun tut mir einen Gefallen", beendete sie ihren Bericht, „rennt nicht alle hinein, um das Tierchen zu sehen, sonst kriegt es gleich einen Schock. Und Mike auch."

„Logo!" beteuerte Matthias. „Junge Mütter brauchen Ruhe. Mamma mia, das wird was werden. Ein Säugling im Gepäck bei einem Wanderritt. Mamma mia!"

„Mike macht das schon", sagte Spinne zuversichtlich. „Der bringt das total. Mamma Mike."

Tonja nickte zustimmend. Genauso dachte sie auch. Mike hatte nur darauf gewartet, seine Scheu vor Tieren überwinden zu können und einen Schützling pflegen zu dürfen. Es war, als müsse er etwas nachholen, das man ihm sein ganzes Leben lang vorenthalten hatte. Vielleicht, sagte sie sich, wäre Mike niemals in Kaufhäusern klauen gegangen, wenn er einen Hund gehabt hätte, oder eine Katze ...

Spinnes Geburtstag

Den Seufzer „Mamma mia, Mamma Mike!“ konnte man in den nächsten Tagen noch oft hören. Mike hatte nur noch Augen für Herkules und Blondchen. Die Stute dankte ihm seine Liebe mit bewundernswertem Einfühlungsvermögen, wenn er – abgelenkt durch das Eichhörnchenkind – Fehler beim Reiten machte. Er trug Herkules in einem gut gepolsterten Beutel, aus einem Handtuch und einem Einkaufsnetz zusammengebastelt, wie ein Känguruh vor dem Bauch und mußte sich alle paar Minuten vergewissern, daß es seinem kleinen Schützling an nichts fehlte. Jede Stunde wurde der Kleine gefüttert. Mike hatte seine Thermosflasche anstatt mit Tee mit Babynahrung gefüllt, die er täglich einmal zubereitete. Erstaunlicherweise erholte sich das Eichhörnchen schnell und fühlte sich in seinem neuen Nest offensichtlich wohl. Mike war glücklich.

Sie waren am ersten Abend in einem Reiterhof sehr herzlich aufgenommen worden, und man hatte sie sogar in der kleinen Kantine mit einem warmen Essen bewirtet. Geschlafen wurde auf dem Heustadl über dem Pferdestall. Für die morgendliche Dusche stand nur der Wasserschlauch auf dem Hof zur Verfügung. Dafür gab es danach aber noch einmal ein fürstliches Frühstück in der Kantine, und die Pferde waren aufs beste versorgt worden.

Am zweiten Tag spürten sie alle, daß acht Stunden im Sattel etwas anderes sind, als wenn man am Tag eine Stunde in der Reitbahn trainiert und dann noch ein wenig ins Gelände geht. Der Muskelkater war gewaltig. Sie hatten das vorausgesehen und für diesen Tag eine wesentlich kürzere Strecke ausgewählt, ohne Steigungen und unterbrochen von einem See, der zu einem längeren Badeaufenthalt einlud. Der Uferweg, den sie sich ausgesucht hatten, war, wie sie feststellten, für Reiter gesperrt, und sie mußten ein gutes Stück zurück, um auf die andere Seite des Sees zu gelangen. Aber die Strecke war angenehm zu reiten, abwechslungsreich und bot einen herrlichen Ausblick auf die schneebedeckten Gipfel der Alpen.

An diesem Abend beschlossen sie, im Freien zu grillen. Der Bauer, bei dem sie über Nacht Station machten, zeigte ihnen einen Platz auf einer mit Obstbäumen bestandenen Wiese, auf dem sie ein kleines Feuer machen durften. Die Pferde konnten die Nacht auf der Koppel daneben verbringen, und sie selbst wollten, da das Wetter mild und trocken zu bleiben versprach, unter freiem Himmel schlafen.

Im Dorf hatten sie sich ihre Zutaten zu dem Festmahl besorgt, und Spinne hatte sich tatsächlich als ein Meister des Grillens erwiesen. Jetzt war es dunkel geworden. Die Isländer grasten zufrieden auf der saftigen Weide, auf dem Hof kehrte Stille ein, nur noch selten drang das aufdringliche Geräusch eines Mopeds oder Motorrads von der Straße herüber. In einem Garten kämpften fauchend zwei Kater miteinander und jagten davon. In einem nahen Baum schrie

7 4072-8

immer wieder ein Käuzchen.

Ben warf noch ein wenig trockenes Holz auf die Glut. Tonja und Steffi kehrten aus der Waschküche zurück, wo sie das Geschirr hatten abwaschen dürfen. Matthias verteilte den Rest Cola und Limo, und Ulla ließ einen großen Korb voller Äpfel herumgehen, die ihr die Bäuerin geschenkt hatte. Philipp stiftete einen Schachtel Kekse zum Nachtisch, Nicola steuerte zwei Tafeln Schokolade bei. Alles scharte sich um Feuer.

„Kinder, geht's uns gut!" seufzte Tonja glücklich. „So könnte ich es wochenlang aushalten!"

Spinne zog zögernd seine Mundharmonika heraus und versuchte eine einfache Melodie. Es ging besser, als er gedacht hatte, und er wurde bald mutiger und spielte, was ihm in den Sinn kam: Volkslieder, Filmmelodien, Seemannslieder und Schlager. Wer Lust hatte, summte oder sang mit, und das waren bald alle. Wie recht Spinne gehabt hatte! Musik gehörte zu einem Lagerfeuer dazu wie der Sternenhimmel und das leise Schnauben der Pferde im Hintergrund. Sie kamen sich vor wie auf den Weiten der Prärie und hätten sich kaum gewundert, wenn sich schweigend ein Indianerhäuptling an ihrem Feuer niedergelassen hätte.

„Zwick mich mal, ich will wissen, ob ich träume", flüsterte Steffi Tonja zu. „Es ist so irre schön hier draußen! Die Nacht, das Feuer, die Musik . . ., man kann's überhaupt nicht beschreiben."

„Beschreiben schon", sagte Tonja lächelnd, denn sie hatte gerade darüber nachgedacht, wie sie den Eltern das Erlebnis schildern wollte. „Nur nicht glauben."

Ähnlich empfanden sie alle. Es war wie ein Traum. Deshalb erschraken sie heftig, als Spinne auf einmal aufsprang, seine Mundharmonika achtlos zur Seite warf und davonlief.

„Was hat er denn?“ fragte Agnes. „Ist irgend etwas nicht in Ordnung?“

„Vielleicht war's ein bißchen viel Romantik auf einmal“, Wolfi richtete sich wie aus tiefem Schlaf auf, er war in seiner Vorstellung weit fort gewesen. „Ich weiß nicht, sollen wir ihm nachgehen?“

„Nein!“ widersprach Mike bestimmt. „Laß ihn. Es kommt bei ihm öfter vor, daß er einen totalen Durchhänger hat.“

„So plötzlich?“ fragte Tonja zweifelnd. „Hat er einen besonderen Grund?“

Mike hob zögernd die Schultern. „Weiß nicht. Vielleicht, weil's auf Mitternacht geht und morgen ... Er hat morgen Geburtstag. Und es hat ihn irgendwie getroffen, daß seine Eltern das überhaupt nicht interessiert. Die sind nur erleichtert, daß er bei euch so gut untergebracht ist.“

„Sein Geburtstag? Menschenskind, da müssen wir doch was draus machen! Dazu fällt uns bestimmt einen Menge ein, oder?“ Steffis Temperamentsausbruch riß auch die letzten aus ihrer schläfrigen Träumerei.

„Klar, Mann! Geburtstag feiern ..., so was lassen wir uns doch nicht entgehen!“ Matthias war Feuer und Flamme. „Jeder muß sich etwas ausdenken. Ich mache ihm ein Gedicht.“

„Wir müssen einen Geburtstagskuchen organisieren. Mit Lichtern. Und einer von euch pflückt einen tollen Blumenstrauß", wandte Tonja sich an Nicola und Ulla.

„Irgendwie müßten wir eine Party organisieren", überlegte Agnes. „Oder wir basteln einen lustigen Gutschein für eine Party."

„Alles gut und schön, aber wie wollt ihr das unbemerkt bis morgen schaffen?" wandte Mike ein, der sich nicht vorstellen konnte, daß man sich wegen eines Geburtstags so viel Mühe machte.

„Du wirst dich wundern. Im Improvisieren von Festen sind wir Profis. Ihr müßt nur alle fest versprechen, daß ihr euch nicht verplappert! Auch du, Mike!" Tonja sah ihn beschwörend an. „Es soll eine echte Überraschung sein."

„Und wann?"

„Wenn wir morgen abend im Quartier sind. Es ist ein Reitstall, der zu einem Gasthof gehört, das ist günstig. Wir können ihn zu einem Geburtstagsessen einladen. Vorher bauen wir alles auf dem Tisch auf. Ulla und Mike, ihr müßt ihn in der Zeit beschäftigen, alles andere überlaßt uns."

Hastig verabredeten sie, wer sich wann um was kümmern sollte. Die einen konnten morgens vor dem Frühstück ins Dorf gehen, die anderen sich während der Rast ein wenig absondern. Tonja, deren Aufgabe es war, jeden Morgen zu Hause anzurufen und Bericht zu erstatten, konnte bei der Gelegenheit im Gasthof anrufen und einen Tisch für den Abend reservieren lassen.

„Alles klar? Pst! Er kommt zurück", wisperte Ulla.

Doch Spinne kam nicht. Er packte lediglich seinen Schlafsack und zog damit an den Koppelzaun. Dicht bei den Pferden baute er sich sein Lager, kroch in den Schlafsack und rollte sich zusammen.

„Gute Nacht, Spinne! Schlaf gut. Und vielen Dank für die Musik!" rief Tonja.

Aber Spinne antwortete nicht mehr.

Tonja erwachte davon, daß ihr ein dicker Regentropfen auf die Nase klatschte. Sie fuhr hoch. Neben ihr saß Ben und starrte in den Himmel.

„Mist! Aber das ist nur ein kleiner Schauer. Bis wir losreiten, haben sich die Wolken wieder verzogen!"

„Na, hoffentlich." Tonja schälte sich aus ihrem Schlafsack, ergriff alles, was sie in der Eile packen konnte, und lief zur Scheune hinüber.

Spinne und Philipp waren bereits dabei, unter dem weit vorspringenden Dach die Pferde zu putzen. Mike saß in einer Ecke auf einem umgestülpten Eimer und fütterte Herkules. Das Eichhörnchenbaby machte große Fortschritte, neuerdings hatte es begonnen, an seiner „Ersatzmutter" herumzuklettern. Am liebsten kroch es unter Mikes Hemd und krallte sich in seine nackte Haut, was er in einer Mischung aus Rührung und entschlossener Tapferkeit ertrug. Da Herkules jetzt mehr Bewegung brauchte, hatte Mike sich am Abend vorher in einem Haushaltswarengeschäft des Ortes einen Deckelkorb besorgt. Das war zwar beim Reiten unbequemer, aber der kleine Eichkater konnte sich frei darin bewegen, wenn er keine Lust mehr hatte, die Stunden zu Pferd zu verschlafen. Tonja nickte Mike zu und begann, ihren Schlafsack und die Matte zusammenzurollen.

„Ulla und Agnes kaufen schnell etwas zum Frühstück ein", sagte Philipp und zwinkerte Tonja zu. „Und Wolfi mußte mal schnell auf die Post."

„Oh, da will ich auch hin. Am besten, ich erledige das gleich. Ich mache mich nur schnell fertig!“

Als Tonja später zu Hause anrief, kam sie sofort auf Spinnes Geburtstag. Sie berichtete vom vergangenen Abend und von Spinnes seltsamem Verhalten. Und davon, daß sie beschlossen hatten, ihn mit einem improvisierten Geburtstagsfest zu überraschen. „Du, Paps, kannst du mir nicht einen Gefallen tun? Ruf bitte im Gasthof *Stern* an, sie sollen uns einen schönen Tisch für heute abend reservieren. Und was Tolles kochen! Erwachsene können das besser. Ich meine, du setzt dich da besser durch!“

Paps sagte seine Hilfe lachend zu.

„Und noch etwas, Paps. Kannst du nicht organisieren, daß Spinnes Mutter im Gasthof anruft? Er würde sich so freuen! Tust du das? Super, danke, Paps!“

Auf dem Rückweg erstand Tonja in einem Lebensmittelgeschäft schnell noch eine Schachtel Pralinen und ließ sie als Geschenk verpacken. Es gab nichts, was Spinne nicht gern aß, aber Pralinen liebte er über alles, das wußte sie.

Als sie später aufsaßen und aus dem Dorf hinausritten, hatten sich die Wolken verzogen. Die Erde dampfte unter der kräftigen Sonneneinstrahlung, und es war bald drükkend heiß.

„Sieht aus, als bekämen wir heute noch ein kräftiges Gewitter, bei der Dusche heute früh wird es wohl nicht bleiben“, stellte Philipp besorgt fest.

„Bis wir heute abend im Quartier sind, wird es schon warten“, meinte Wolfi zuversichtlich. „Wir dürfen uns eben unterwegs nicht allzu lange aufhalten.“

Doch das Unwetter kam schneller, als sie gedacht hatten. Schon gegen Mittag ballten sich bleigraue Wolken im Westen zusammen, und kurz darauf brach ein orkanartiger Sturm los.

„Wir reiten den nächsten Bauernhof da drüben an!“ befahl Philipp. „Vielleicht können wir uns dort wenigstens unterstellen.“

Im Galopp erreichten sie den Hof, gerade als die ersten schweren Tropfen fielen. Unter dem breiten Vordach eines Maschinenschuppens fanden sie vorerst Schutz vor dem Regen, der wie eine Wand aus Wasser vom Himmel stürzte.

„Habt ihr gesehen, was neben der Haustür stand? Zimmer frei!“ Wolfi sah die anderen an. „Jedenfalls wissen wir jetzt, daß sie auf Gäste warten!“

„Aber sicher nicht auf welche mit Pferden. Außerdem haben wir ja unser Quartier für heute abend“, wehrte Ben ab.

„Ich meine ja nur. Falls der Regen nicht nachläßt.“

Der Regen ließ tatsächlich nicht nach. Philipp beschloß, mit Ben ins Haus hinüberzugehen und die Lage zu peilen.

Ulla sah Tonja beschwörend an. „Aber was machen wir denn nun mit . . . mit unserem Quartier für heute abend?“ verbesserte sie sich schnell.

„Wenn's gar nicht anders geht, müssen wir umdisponieren. Wir haben ja alles, was wir brauchen, bei uns. Und wenn die Leute hier nett sind und die Zimmer gemütlich . . . Im Gasthof *Stern* können wir ja zur Not telefonisch absagen!“

Begeistert war Tonja nicht gerade von der Änderung ihrer Pläne, aber bei diesen sturzbachähnlichen Regengüssen noch zwei Stunden zu reiten, war wirklich kein Vergnügen.

„Mann, brauchen die lange da drinnen“, stöhnte Agnes. „Na ja, vielleicht ist es ein gutes Zeichen. Wo sind eigentlich unsere beiden Kleinen?“

Matthias und Nicola, die beiden Jüngsten, hatten sich mittlerweile auf dem Hof ein wenig umgesehen. Sie hatten ihre Pferde angebunden und waren durch die Gerätehalle hindurch in eine Futterkammer und dann in einen Stall gelangt. Von dort aus hörte Tonja ihren Bruder verzweifelt rufen. „Tonja! Tonja, komm schnell!“

Tonja kannte diesen Ton bei Matthias nur allzu gut. Wut, Trauer, Entsetzen, Schmerz – in die sich unüberhörbar ein paar Tränen mischten. Sie drückte Agnes Goldonis Zügel in die Hand und rannte dem kläglichen Ruf nach.

Matthias stand in der Tür zu einem Stall in der Größe einer Fabrikhalle und wies stumm in den Raum, das Gesicht blaß vor Entsetzen. Tonja trat näher, und bei dem Anblick, der sich ihr hier bot, schnürte es ihr augenblicklich die Kehle zu. In engen schachtelartigen Boxen, die nicht einmal Platz genug zum Umdrehen oder Hinlegen boten, standen mehrere hundert Kälber eingesperrt. Hier und da war ein klägliches Blöken zu hören, doch die meisten starrten teilnahmslos vor sich hin, abgestumpft durch die Bewegungslosigkeit, durch das überreichliche Mastfutter, das Laufbänder ihnen in regelmäßigen Zeitabständen in ihre Krippen schütteten. Tonja spürte Übelkeit in sich hochsteigen. Tränen schossen ihr in die Augen.

Hinter ihr waren Mike und Spinne herangekommen und blickten verständnislos auf das Bild, das sich ihnen bot, und das sie vorerst nur irritierte.

Tonja drehte sich heftig zu ihnen um. „Wißt ihr, was das

ist? Man nennt es Massentierhaltung. Sie werden auf engstem Raum gefüttert, ohne jede Bewegung, und zudem meist noch mit Hormonspritzen traktiert, damit sie schneller wachsen und geschlachtet werden können! Hier bleibe ich keine Sekunde länger!“

Tonja stürmte, gefolgt von Matthias, Spinne und Mike, nach draußen. Auf dem Vorplatz traf sie mit Ben und Philipp zusammen, die gerade vom Wohnhaus herüberkamen.

„Supernachrichten, Leute! Wir können hierbleiben! Wir kriegen Quartiere zu Minipreisen, Boxen für unsere Pferde und ein Klasse Abendessen!“

„Tut mit leid“, sagte Tonja knapp. „Hier bleibe ich nicht. Wenn ich die Gastfreundschaft solcher Leute in Anspruch nehmen müßte, käme ich mir vor wie ein Verräter. Entschuldige.“

Heftig schob sie Ben zur Seite, zog sich ihren Regenschutz über und schwang sich in den Sattel. Matthias folgte ihrem Beispiel.

„Was ist denn los, um Himmels willen? Das kannst du nicht machen, wir haben alles ausgemacht da drinnen!“ protestierte Philipp.

„Was los ist? Das will ich dir sagen: Sie betreiben Massentierhaltung! Die haben im Stall mindestens sieben- oder achthundert Kälber auf engstem Raum grausam zusammengepfercht! Bei solchen Leuten will ich nicht bleiben.“

„Tonja! Ich finde das ja auch furchtbar, aber so was wird doch heute überall gemacht. Deshalb kannst du doch die Leute nicht gleich in Grund und Boden verdammen!“

„Was heißt verdammen? Ich will nur nichts mit Leuten zu tun haben, deren Methoden wir mit aller Kraft bekämpfen. Das wäre einfach unehrlich. Also, wer kommt mit? Ich reite jetzt los, um so eher sind wir da."

„Und wie sollen wir das denen da drinnen erklären?"

„Sagt ihnen, die Mehrheit wäre der Ansicht, wir könnten unser gebuchtes Quartier für heute abend nicht so kurzfristig absagen."

Tonja zog den Streckenplan aus ihrer Hosentasche und vergewisserte sich, in welche Richtung sie weiterreiten mußten. Dann trieb sie Goldoni an. Matthias und die Mädchen folgten ihr und schließlich auch Mike, der seinen Regenschutz sorgfältig über Herkules' Korb gebreitet hatte. Spinne blieb mit Ben und Philipp zurück.

Es wurde ein harter Ritt, und Tonja kamen Zweifel, ob es wirklich so ratsam gewesen war, in diesem strömenden Regen auf rutschigen, überschwemmten Wegen das Tagesziel erreichen zu wollen. Pferde und Reiter waren bis auf die Haut durchnäßt, denn das Wasser drang von allen Seiten ein, lief vom Gesicht den Hals hinunter, sog sich in die Ärmel und von den Hosenbeinen zur Taille hinauf.

„Das einzige, was trocken ist, ist Herkules in seinem Korb und der Geburtstagskuchen", bemerkte Steffi ironisch. „Den haben wir doppelt und dreifach eingewickelt. Kuchen müßte man sein."

„Na, wenigstens bleiben meine Blumen frisch. Ich hatte sie in nasses Papier gewickelt, jetzt schwimmen sie in meinem Rucksack wie in einer Badewanne!" erklärte Ulla lachend. „O Mann, hoffentlich sind wir bald da. Lange stehe ich das nicht mehr durch."

Und die Pferde auch nicht, dachte Tonja. Jetzt bereute sie es wirklich, so stur ihren Willen durchgesetzt zu haben.

Doch eine Viertelstunde später schlug die trübe Stimmung dann ins Gegenteil um. Vor ihnen erschienen die ersten Häuser des Dorfes, in dem sie ihr Quartier bestellt hatten, und bald darauf bogen sie in die kiesbestreute Einfahrt des Gasthofs *Stern* ein. Tonja blickte an der mit Blumenkästen geschmückten Front des behaglichen Hauses entlang, da fiel ihr Blick auf ein bekanntes Gesicht, das schnell hinter der Gardine verschwand. Zugleich winkte ihr jemand, hereinzukommen.

Tonja sprang aus dem Sattel. „Wartet hier einen Augenblick, Kinder, ich frage schnell, wo wir die Pferde unterstellen sollen!"

Gleich hinter der Tür empfing Vater Justin sie mit ausgebreiteten Armen. „Igitt, du nasse Katze, willst du mich auch noch durchweichen?" protestierte er lachend. „Mir scheint, da sind wir gerade im richtigen Moment gekommen. Es ist für alles gesorgt: Boxen, Zimmer, das Essen. Wir halten uns hier versteckt, wegen der Überraschung. Nun lauf und sag den anderen Bescheid. Der Stall ist links hinter dem Haus, da werdet ihr erwartet."

Tonja war es, als ginge sie auf Wolken. Welch ein Glück, daß sie weitergeritten waren!

Doch von der größten Überraschung wußte auch Tonja nichts. Mam hatte Kuchen, Kerzen und Geschenke entgegengenommen, die Blumen von Ulla, das Gedicht von Matthias, die Pralinen, einen glitzernden Stein von Nicola, als Erinnerung an den Ritt, und einen Gutschein für eine nachgeholte Stallparty von allen zusammen.

Gemeinsam hatten sie die Pferde versorgt und waren dann in ihre Zimmer gegangen, um zu duschen und sich trockene Sachen anzuziehen. Um acht Uhr nahmen alle bis auf Philipp und Ben um den Tisch Aufstellung. Die beiden Nachzügler hatten sich Zeit gelassen, um den anderen einen Vorsprung für die Geburtstagsvorbereitungen einzuräumen, und nahmen nun Spinne in die Mitte. „Komm, gehen wir zum Essen runter, die anderen warten schon!"

In der Tür zur Gaststube blieb Spinne geblendet stehen. Ben und Philipp hechteten zu der im Halbrund neben dem Tisch versammelten Geburtstagsgesellschaft.

„Happy birthday to you . . .", klang es im Chor. Sie sangen aus voller Kehle, sangen laut, um den Frosch im Hals zu übertönen, denn Spinne liefen doch tatsächlich dicke Tränen übers Gesicht. Der Kuchen, Kerzen und Blumen, lustig verpackte Päckchen, ein hübsch gedeckter Tisch – und das alles für ihn! Das war einfach zuviel.

Felizitas Justin sah seine Verwirrung und nahm ihn kurzerhand in die Arme. „Herzlichen Glückwunsch zum Geburtstag, mein Junge, und ein ganz wundervolles neues Lebensjahr!"

Und dann umarmte ihn noch jemand, der sich bis dahin verborgen hatte, Spinne kriegte es gar nicht so schnell mit. Erst die Stimme ließ ihn aufhorchen.

„Herzlichen Glückwunsch zum Geburtstag, Christian!"

„Mama! Wieso bist du hier?" Spinne wischte sich energisch mit dem Ärmel die Tränen aus dem Gesicht. Dann grinste er verlegen. „Das ist immer noch der Regen, weißt du, war 'ne ziemlich nasse Angelegenheit heute!"

„Herr Justin war so nett, mich in der Stadt abzuholen, er bringt mich nachher wieder zurück, damit ich pünktlich zum Dienst komme."

„Wahnsinn!" stotterte Spinne. „Fang bloß nicht du auch noch an zu heulen, sonst heule ich gleich wieder mit."

„Jetzt laßt uns essen!" rief Paps über die Köpfe hinweg und kniff Tonja vergnügt in den Arm. „Ich glaube, wir haben alle einen Bärenhunger!"

Das bewiesen sie in den folgenden zwei Stunden ausreichend. Es wurde ein rauschendes Geburtstagsfest. Zwischendurch sah Tonja immer wieder zu Spinnes Mutter hinüber. Wie elend und überarbeitet sie aussah. Schichtdienst auf der Intensivstation muß sehr anstrengend sein, dachte sie. Da hilft nur eins: vier Wochen Urlaub auf dem Pferdehof Am Birkenfeld! Ich muß mal mit Mam darüber reden.

Mike, der am unteren Ende des Tisches gesessen hatte, stand auf und kam zu ihr herüber. „Ein Jammer, daß mein Geburtstag gerade erst gewesen ist!" flüsterte er ihr mit einem Blick auf die festliche Tafel zu. „Na ja. Ich gehe erst mal Herkules füttern. Hoffentlich hat er sich heute keinen Schnupfen geholt."

Mike flippt aus

Herkules holte sich keinen Schnupfen. Im Gegenteil, er gedieh so prächtig, daß es ihm in seinem Korb bereits langweilig wurde. Mike begann sich Sorgen zu machen, was aus dem temperamentvollen kleinen Kerl werden sollte, denn hergeben wollte er ihn um nichts auf der Welt.

„Bald sind wir wieder zu Hause", tröstete Tonja ihn. „Dann bekommt er einen ganz großen Käfig mit einem Kletterbaum drin und allem, was er mag. Und zwischendurch kannst du ihn in deinem Zimmer rumtoben lassen, wenn das Fenster geschlossen ist. Noch besser wäre es natürlich, du würdest ihn im Park freilassen. Er würde sicher immer wieder von allein ins Haus zurückkehren!"

„Kommt nicht in Frage!" erklärte Mike. „Ich will ihn nicht wieder hergeben. Er gehört zu mir."

„Ich verstehe dich ja. Ich meine nur, wenn deine Eltern es verbieten, daß ..."

„Wenn meine Eltern es verbieten", unterbrach Mike sie heftig, „dann bleiben wir alle beide auf dem Birkenfeldhof."

Die nächsten zwei Tage wurden so schön, wie man sie sich als Wanderreiter nur wünschen kann. Muskelkater und Müdigkeit waren verschwunden, sie hatten sich an die vielen Stunden im Sattel gewöhnt und genossen jede davon. Die Isländer machten da keine Ausnahme, ihnen schien dieser tagelange Ausflug mindestens so gut wie ihren Reitern zu gefallen.

Tonja hatte sich mit dem temperamentvollen Goldoni gut zusammengerauft. Ein paarmal hatte er ein bißchen „herumgesponnen" und ausprobiert, wer von ihnen beiden der Stärkere war, aber Tonja hatte sich energisch durchgesetzt. Steffi sehnte sich manchmal heftig nach ihrer Yasmina, wenn der Rappwallach Sir John sie mit seinem harten, kurzen Trab an eine über Kopfsteinpflaster holpernde Tonne erinnerte. Aber insgesamt waren Reiter und

Ponys ein Herz und eine Seele. Die Sonne schien strahlend auf eine abwechslungsreiche, blühende Landschaft, es gab viel zu besichtigen, was sogar Spinne und Mike freiwillig mitmachten, Seen und Flüsse zum Baden und jeden Abend ein Lagerfeuer.

So schön begann auch der letzte Tag. Einmal noch würden sie einen Abend am Lagerfeuer verbringen, einmal noch über einem Pferdestall im Heu schlafen.

Die Strecke führte sie in die Berge hinauf über eine Paßstraße ins nächste Tal. Auf halber Strecke bot sich eine sonnige Lichtung neben der Straße für eine kurze Rast an. Beim Bäcker im Dorf hatten sie frische Butterbrezeln gekauft, und die Thermosflaschen enthielten kühle Cola. Die Pferde wurden im Schatten angebunden, und die jungen Reiter setzten sich – wie die Hühner auf der Stange – auf einen Stapel von langen Fichtenstämmen. Tonja verteilte die Brezeln und hockte sich neben Mike.

„Schau mal, was ich für Herkules gekauft habe!“ Mike zog eine Tüte aus der Jackentasche und ließ ein wenig von dem Inhalt in seine hohle Hand rieseln.

„Was ist das?“

„Gemahlene Nüsse. Die will ich ihm in seine Nahrung geben. Allmählich muß er sich doch an was Handfestes gewöhnen, wenn er groß und stark werden will.“

Mike mischte in der Handfläche ein wenig Babynahrung mit den gemahlenen Nüssen. Dann öffnete er den Korb.

„Ich weiß nicht . . .“ Tonja empfand ein leises Unbehagen, „vielleicht solltest du ihn hier besser nicht rauslassen.“

„Nein, nein . . .“ Mike hob den Deckel ein wenig an und

schob seine Hand in den Korb. Der kleine Eichkater stürzte sich gierig auf die interessante Nahrung.

„Es schmeckt ihm, siehst du?" rief Mike. „Er hat gleich alles aufgeschleckt! Ja, warte, du Strolch, du kriegst einen Nachschlag!"

Doch so lange wollte Herkules nicht warten. Mit unglaublicher Geschicklichkeit schob er sich durch den Spalt aus dem Korb und kletterte an Mike hoch. Sekundenlang saß er auf dem Kopf des Jungen und sah neugierig in die Runde. Mike, der in der einen Hand die Tüte mit den Nüssen, in der anderen die Flasche mit der Babynahrung hielt, mußte ihn wohl oder übel gewähren lassen.

„Hoffentlich muß er nicht gerade mal", Nicola griff kichernd nach dem Eichkätzchen, um es von Mikes Kopf zu heben. Doch Herkules hatte keine Lust, sich fangen zu lassen. Er hüpfte zu Tonja hinüber, rannte ihren Rücken hinunter und setzte sich abwartend einen Meter entfernt ins Gras.

„Bleibt ganz ruhig sitzen. Wenn ich ihm das Futter reiche, kommt er von allein zurück!" sagte Mike leise.

Und wirklich hüpfte Herkules freudig näher, als Mike seine Hand ausstreckte.

Doch dann geschah etwas Schreckliches. Es ging so schnell, daß sie eine Weile brauchten, um zu begreifen, was eigentlich geschehen war. Hatte ein Raubvogel Herkules erschreckt? Das Rascheln trockener Blätter? Oder wollte er, übermütig geworden, mit seinem Herrn nur ein wenig Fangen spielen? Herkules schlug einen Haken und hüpfte auf die Straße zu.

„Herkules, nein! Komm hierher, komm!" Mikes Stimme

überschlug sich fast vor Angst, denn aus dem Tal näherte sich ein Auto. „Hier, feines Futter, mein Kleiner, komm, du hast doch noch Hunger ..."

Einen Augenblick sah es so aus, als ob der kleine Eichkater der Hand mit dem Futter folgen wollte; er schnupperte, hob die Nase in die Luft und sah Mike aus seinen dunklen Knopfaugen listig an. Aber als Mike die Hand noch ein wenig näher schob, drehte er sich um und hüpfte auf die Straße hinaus, genau in dem Augenblick, als das Auto vorüberschoß.

„Herkules!!!"

Doch von Herkules zeugte nur noch ein Häufchen blutig-zerfetzten Fells.

Mike schleuderte die Thermoskanne hinter dem Auto her. „Mörder! Verdammter Mörder! Das ist alles, was ihr könnt! Zerstören. Ihr verdammten Idioten! Ihr hirnlosen, gefühllosen verdammten Idioten! Was seid ihr denn? Maschinen, herzlose Maschinen, blöd und blind und taub! Nichts begreift ihr ... nichts ... nichts! Ich hasse euch!"

Mit diesen Worten drehte sich Mike um und rannte in den Wald hinein, eine Weile noch hörten sie seine Schreie.

Die anderen sahen sich fassungslos an. Keiner brachte ein Wort heraus, keiner schämte sich seiner Tränen. Schließlich löste sich Tonja aus ihrer Erstarrung, zog ihr großes Halstuch aus einer der Satteltaschen, breitete es über den winzigen Leichnam und hob ihn auf. Sie ging ein paar Schritte in den Wald hinein, grub mit Hilfe eines spitzen Stockes ein Loch in den moosbewachsenen Boden unter einer Tanne und begrub Herkules. Aus Steinen häufte sie einen kleinen Hügel über der Stelle auf und

8 4072-8

schmückte ihn mit Waldblumen und Grün.

„Und was machen wir jetzt?" fragte Philipp ratlos.

„Wartet hier, ich gehe ihn suchen."

Niemand widersprach ihr. Tonja war sicher die einzige, die mit Mike reden konnte, zu ihr hatte er mehr Vertrauen als zu jedem anderen von ihnen, das wußten sie.

Zum Glück fand Tonja den Weg, den Mike gelaufen war, sofort. Abgebrochene Zweige, niedergetretenes Moos und abgerissene Blätter markierten die Strecke, er schien die ganze Zeit verzweifelt um sich geschlagen zu haben. Ein paar hundert Meter weiter war seine Flucht abrupt gestoppt worden, eine Felswand versperrte den Weg. Hier hatte man nur die Wahl, nach links hin steil nach oben zu klettern oder nach rechts in einem fast senkrechten Absturz in die Tiefe zu rutschen und unten in einem Bach zu landen. Mike lehnte an der rauhen Fläche des Felsens, die Stirn gegen den Stein gepreßt.

„Mike!"

„Hau ab, laß mich in Ruhe!"

„Aber Mike, ich ..."

„Hast du nicht gehört? Du sollst mich in Ruhe lassen! Nehmt eure verdammten Pferde und verschwindet, ich will euch nicht mehr sehen! Keinen von euch!"

Tonja ging näher und legte Mike die Hand auf die Schulter. Er schlug sie grob weg.

„Mike! Glaub mir, ich weiß, wie dir zumute ist. Es tut mir so leid!"

„Jetzt hör bloß auf, hier rumzusülzen!" schrie Mike erbittert. „Das ist doch bloß alles Betrug, euer schönes, fröhliches, heiles Leben in eurem kleinen Privatparadies!

Das hilft mir auch nicht weiter! Euch kann es ja wurscht sein, was da draußen passiert. Daß sie einen unterbuttern, daß man kein Bein auf den Boden kriegt, weil sie einen ständig nur in die Pfanne hauen, wenn man nicht alles so macht, wie sie wollen, davon kriegt ihr gar nichts mit! Mich haben sie von Anfang an jeden Tag ein dutzendmal überfahren! Nicht mit dem Auto, aber mit Worten! Runtergebügelt, plattgewalzt, gedeckelt – wo sie nur konnten! Ich hasse sie, ich hasse sie alle, und ich werde mich an ihnen rächen, das kannst du mir glauben! Und jetzt hau ab, oder ..." Mike griff nach einem Stein und hob ihn drohend in die Luft.

Tonja sah ihn ratlos an. Wieviel Haß und Verzweiflung in seinen Augen lag! Entmutigt senkte sie den Kopf. „Schade", sagte sie leise. „Ich habe gedacht, wir hätten in dir einen echt guten Helfer gefunden. Einen, der Tiere liebt und der super mit ihnen umgehen kann. Es ist so verdammt schwer, jemanden zu finden, der bereit ist, mit einem zu kämpfen. Der nicht nur an sein Privatvergnügen denkt, sondern seine Kräfte dafür einsetzt, diese Scheißwelt zu ändern! Wenn wir sie nicht ändern, Mike, wer soll es denn dann tun? Eines Tages sind wir die Erwachsenen, die das Sagen haben, wo's lang geht. Was ich dann tun werde, weiß ich. Ich werde genau wie jetzt weggeworfene Tiere aufpäppeln, mißhandelte pflegen, mich für bessere Lebensbedingungen einsetzen. Und du? Wo wirst du dann stehen? Immer noch mit Steinen auf mich schmeißen? Oder vielleicht auf mich schießen, weil ich zu den paar Spinnern gehöre, die nicht zulassen wollen, daß diese Welt in Gift und Haß und Brutalität erstickt?"

„Mach dir doch nichts vor!“ sagte Mike müde. „Du kommst nicht gegen sie an! Das ist ein schöner Traum, weiter nichts.“

„So. Und daß wir die Isländer, die wir hier reiten, vor dem Schlachthof gerettet haben, ist das nichts? Und Pirat, dem sie das Auge ausgeätzt und ihn brutal gequält haben, und der jetzt ein glückliches, gesundes Pferd geworden ist, das ist auch nichts, wie? Die mißhandelten Hunde, Brunos Gina zum Beispiel, die an der schweren Kette, an der sie lag, fast draufgegangen wäre, von den Schlägen, die sie bekam, mal ganz abgesehen – siehst du ihr das jetzt noch an? Jeronimo, den wir halb verhungert neben dem Autobahnrastplatz gefunden haben – einfach ausgesetzt, weggeworfen. Himmelspfote mit ihren drei Beinen, kann man sich glücklichere Katzen vorstellen? Gut, vielleicht ist das alles nichts im Vergleich zu dem Berg Unrecht, der täglich auf der Welt geschieht. Aber ich denke mir, es lohnt sich trotzdem. Ich denke, vielleicht ist es wie ein Kieselstein, den man ins Wasser wirft. Zuerst gibt's nur einen kleinen Kreis, aber dann entstehen winzige Wellen; sie laufen auseinander und werden immer größer. Wenn wir jeden Tag nur so einen Stein ins Wasser werfen, dann werden vielleicht immer mehr Menschen erreicht und fangen an nachzudenken und auch etwas zu tun. Und je mehr von uns solche Steine werfen, desto mehr Wellen machen wir. Ich kann dich nicht überreden, weiterzumachen. Du mußt wissen, was du tust. Aber vergiß nicht, daß wir dich brauchen. Es gibt nicht viele, die so eine Begabung für den Umgang mit Tieren haben. Und so viel Geduld.“

Tonja wußte nicht, was sie noch hätte sagen können. Ja,

eigentlich wußte sie nicht einmal, was sie gesagt hatte, es war einfach so aus ihr herausgekommen, fast, als hätte jemand anderer für sie gesprochen. Jetzt fühlte sie sich müde und ausgelaugt von Trauer und Hilflosigkeit.

Doch da kam ihr unerwartet jemand zu Hilfe. Sie hatte die Huftritte auf dem weichen Waldboden nicht gehört, fast erschrak sie, als ein leises Schnauben wie ein warmer Windhauch über ihren Nacken strich. Blondchen war ihnen gefolgt! War es ihr langweilig geworden, hatten die anderen sie auf den Weg geschickt, oder hatte die Stute ganz einfach gespürt, daß ihr zweibeiniger Freund sie brauchte? Tonja zog sich behutsam zurück und beobachtete von weitem, wie Blondchen zu Mike herantrat, ihn leicht anstupste und ihm zärtlich ins Ohr blies. Endlich drehte Mike sich um. Er schlang die Arme um Blondchens Hals und schluchzte trocken. Tonja lief zu den anderen zurück.

Zehn Minuten später tauchte Mike im Sattel von Blondchen aus dem Wald auf. Bei dem kleinen Steinhügel hielt er kurz an, dann trieb er die Stute auf die Straße zurück und ritt bergan. Die anderen folgten ihm schweigend.

Eine Überraschung für Mike

Als sie am nächsten Abend über die Brücke zum Tor des Pferdehofs Am Birkenfeld ritten, war die Stimmung geteilt. Trauer über das Ende des Wanderritts mischte sich mit der Freude auf die Heimkehr. Der Beginn der Schule lag wie einen düstere Wolke über der Zukunft, aber noch hatten sie ein langes Wochenende vor sich, ein Wochenende des Wiedersehens mit den geliebten Pferden und den vielen anderen Schützlingen des Hofes. Sie trösteten sich damit, daß die Sommerferien ja nun auch nicht mehr weit waren, und daß dies gewiß nicht die letzte Wanderung zu Pferde gewesen war, die sie gemacht hatten.

Tonja hatte noch am Abend zuvor zu Hause angerufen, um den Eltern von dem schrecklichen Vorfall zu berichten. Wenn ich nur wüßte, wie ich Mike helfen kann, Paps, hatte sie gesagt, er ist so mutlos! Der Tod von Herkules hat vieles wieder kaputtgemacht. Es ist, als ob er hinter einer undurchdringlichen Mauer lebte, man erreicht ihn einfach nicht! Der Vater hatte versprochen, sich darüber Gedanken zu machen, und dann hatte er sie ermahnt, dem Jungen Zeit zu lassen. Trauern braucht seine Zeit, Tonja, hatte er eindringlich gesagt. Und es braucht auch Stille und Alleinsein. Also laßt ihn in Ruhe; er weiß ja, daß ihr für ihn da seid, wenn er euch braucht.

Als Bruno ihnen jetzt das Tor öffnete und die Hand mit einer übertriebenen Ehrenbezeugung an den verrückten kleinen roten Hut auf seinem Kopf legte, was die anderen lachend mit einem huldvollen Gruß erwiderten, sah Tonja sich nach ihrem Vater um. Warum kam er nicht? Leo und Vater Kaminski erwarteten sie am Stall und halfen ihnen beim Absatteln. Die Veitsfeldener verabschiedeten sich und machten sich sofort auf den Heimweg. Mam kam aus dem Garten gelaufen und begrüßte die Heimkehrer vergnügt. Sie versprach ein köstliches Festessen zum Willkommen, für das sie sich gerade im Garten die Kräuter geholt hatte.

Sie hatten die Isländer bereits auf die Koppel entlassen, als Paps auf dem Hof erschien. Seine Begrüßung fiel knapp aus, dann wandte er sich sofort an Mike. „Willst du mich ins Dorf begleiten? Du könntest mir helfen, Mike. Ich muß schnell zum Tierarzt!"

Tonja wollte etwas fragen, ließ es auf einen Blick ihres Vaters hin aber. Er mußte seine Gründe haben, wenn er Mike bat, und nicht einen von ihnen.

Jürgen Justin ging zum Auto, und Mike folgte ihm schweigend. Tonja sah, wie ihr Vater dem Jungen einen Korb zu halten gab. Ein neuer Notfall? Vielleicht wußte Mam etwas darüber?

Der Jeep näherte sich in großer Geschwindigkeit dem Dorf. Mike saß wie betäubt auf dem Beifahrersitz. Instinktiv versuchte er die Stöße und Schaukelbewegungen auszugleichen und den Korb ruhig zu halten. Er traute sich nicht, einen Blick hineinzuwerfen. Das schwache Wimmern zu ertragen war schlimm genug, ganz zu schweigen von dem bestialischen Gestank.

„Wir müssen uns beeilen", murmelte Jürgen Justin. „Doktor Mosner erwartet uns schon. Da drüben ist sein Haus."

Der Wagen hielt mit einem leichten Schleudern vor dem Praxis-Eingang, und sie sprangen hinaus. Der Tierarzt kam ihnen bereits in der Tür entgegen. Mike wollte zurückbleiben, aber Jürgen Justin nahm seinen Arm und schob ihn vor sich her in den Behandlungsraum.

Dr. Mosner hatte den Korb auf den Behandlungstisch gestellt und hob ein winziges, schmutzig-weißes Fellbündel heraus. Ein Welpe! Bei seinem Anblick mußte Mike hart schlucken. Die Augen des Kleinen waren eitrig entzündet, das Hinterteil vom Durchfall kotverklebt und blutig-wund, der aufgetriebene Bauch stand in krassem Gegensatz zu dem sonst bis auf die Knochen abgemagerten Körper. Die Atmung war nur noch flach, das Hundekind schien dem Tod bereits nahe zu sein.

Der Tierarzt arbeitete schweigend. Er spritzte dem Welpen ein Mittel zur Stärkung des Herzens und der Atmung und eine Mischung aus allem, was der kleine Körper dringend brauchte.

„Sowie er sich ein bißchen erholt hat, müssen wir ihn entwurmen und impfen", sagte er. „Ich gebe euch noch ein paar Sachen mit, mit denen ihr ihn aufpäppeln könnt."

„Mike ist darin Weltmeister", beteuerte Jürgen Justin, ohne den Jungen anzusehen. „Ich denke, er kann es schaffen, den Kleinen ins Leben zurückzuholen. Wenn er die Pflege übernehmen will ..."

Mike nickte stumm. Der Tierarzt hatte den Körper des Hundekindes vorsichtig gereinigt und mit Salbe versorgt, und Mike war jedem seiner Handgriffe aufmerksam gefolgt.

„Fertig", sagte Dr. Mosner. „Alles andere liegt jetzt bei euch."

Mike hatte bereits das schmutzige Handtuch aus dem Korb entfernt und ihn mit dem mitgebrachten sauberen Tuch ausgelegt. Er legte das Hundebaby sanft hinein und deckte den mageren Rücken ein wenig zu. Mit der einen Hand hielt er den Korb, die andere ließ er beruhigend auf dem Körper des Welpen ruhen. So ging er hinaus. Dr. Mosner und Jürgen Justin warfen sich einen zufriedenen Blick zu.

Auf der Fahrt zum Birkenfeldhof hinauf hörte Mike nicht auf, seinen neuen Schützling sanft zu streicheln. Die Atmung des Hundebabys war jetzt ruhiger und tiefer.

„Er ist eingeschlafen", stellte Mike leise fest. „Ich glaube, jetzt geht es ihm schon besser. Und wenn ich ihn erst gefüttert habe ... Wo haben wir ihn eigentlich her?"

„Wir" hatte er gesagt. Jürgen Justin nickte unmerklich. „Das ist eine traurige Geschichte, aber wenigstens eine mit einem Happy-End", berichtete er. „Einer dieser gewissenlosen privaten Hundezüchter, die glauben, sie könnten mit Hunden das schnelle Geld machen, ist durch die Aufmerksamkeit der Nachbarn aufgeflogen. Die Polizei hat die noch lebenden Tiere beschlagnahmt und dem Tierschutzverein übergeben. Der hat Anzeige erstattet. Dieser kleine Kerl hier war der Grund dafür. Weil sie das Ergebnis eines Fehltritts einer seiner Hündinnen waren, also nicht rasserein, hat der Züchter den ganzen Wurf ausgesetzt. Zum Glück haben Nachbarn ihn dabei beobachtet und sofort die Polizei alarmiert. Die übrigen Welpen waren leider schon tot, und die Hündin so schwer mißhandelt und krank, daß sie ihren kleinen Sohn nicht mehr annehmen konnte. Aber jetzt hat er die beste Mutter der Welt, hab ich recht?"

„Schon", antwortete Mike gedehnt. „Aber was ist, wenn ich Montag zurück in die Schule muß?" Und nach einer Pause fügte er bittend hinzu: „Könnte ich nicht ganz bei Ihnen bleiben?"

„So kurz vorm Ende des Schuljahrs wird das nicht gehen,

Mike. Aber ich rede mit deinen Eltern, ja?"

„Ach, die", seufzte Mike hoffnungslos. „Das können Sie genausogut gleich vergessen."

„Warten wir's ab."

Am Tor wurden sie bereits von Tonja, Ben, Matthias und Spinne erwartet. Kaum hielt der Jeep vor dem Haus, als sie sich auch schon um Mike und seinen Korb drängten.

„Und? Lebt er noch?"

„Wie sieht er aus? Ist's ein Rüde?"

„Wie alt ist er überhaupt?"

„Geht doch weg, ihr beunruhigt ihn bloß", wehrte Mike ab. „Jetzt kriegt er erst mal etwas zu essen. Ihr könnt ihn später sehen." Damit machte er sich auf den Weg in die Küche, um dem Welpen die erste Nahrung zu bereiten.

Paps mußte seinen Sprößlingen die gewünschten Informationen geben. „Also, seine Mutter war ein rassereiner Husky, sein Vater möglicherweise ein Pudelmischling. Er sieht aus wie ein weißer Teddybär, ist ein Rüde, und das Alter schätzt Mosner auf drei bis vier Wochen. Und er wird wohl überleben, es geht ihm schon besser. Übrigens: Es ist Mikes Hund, okay!"

„Ist doch logisch, Paps." Tonja lachte ihren Vater verschwörerisch an. „Der kam gerade im richtigen Augenblick, hab ich recht?"

„Sieht so aus", antwortete der Vater und zwinkerte seiner Tochter zu. „Und nun stört mich nicht, ich muß dringend telefonieren."

Eine Stunde später versammelten sie sich um den festlich gedeckten Tisch. Spinne hatte mit Begeisterung Mam in der Küche geholfen, Tonja und Ben hatten die Tafel mit

Blumen und Kerzen geschmückt, während Matthias Stalldienst machte.

Mike fütterte, zurückgezogen in Tonjas Zimmer und von neugierigen Katzen umgeben, sein neues Baby, das willig die Flasche annahm und bald gierig saugte. So ein perfekt auf jede Art von Waisenkindern eingerichteter Haushalt hatte schon seine Vorteile, hatte Mike zufrieden festgestellt.

Mam und Spinne trugen die Schüsseln auf. Saftige, noch brutzelnde Lasagne und große Mengen Salat gab es, und zum Nachtisch eine Riesenschüssel Erdbeeren mit Sahne, genau das richtige, um hungrige Reitermägen zu füllen!

„Wo bleibt Paps, wir wollen endlich anfangen! Ich habe schon Pfützchen auf der Zunge", stöhnte Matthias.

„Paps telefoniert noch. Wir sollen schon anfangen", meldete Tonja, die gerade aus dem Büro kam. „Es wird wohl noch eine Weile dauern. Scheint eine harte Verhandlung zu sein."

Mike hatte das Hundekörbchen neben sich auf einen Stuhl gestellt, um seinen Schützling immer im Auge behalten zu können. Daß der Kleine so gut getrunken hatte, steigerte Mikes Appetit enorm, zumal er seit dem Verlust von Herkules kaum einen Bissen heruntergebracht hatte.

„Wie soll dein Kind eigentlich heißen?" erkundigte sich Tonja.

Mike überlegte. Der Name Herkules hatte dem Eichkaterchen kein Glück gebracht. Aber Stärke sollte er ausdrücken. Tarzan? Goliath? Nein. „Ich werde ihn David nennen. Der den mächtigen Goliath besiegte. Ihr dürft auch Dave oder Davy zu ihm sagen."

„Auf David!“ rief Paps von der Tür her und schwenkte eine Flasche Wein. „Es gibt etwas zu feiern. Einen Sieg des mutigen jungen David gegen den mächtigen Goliath! Mike, deine Eltern haben nach langem Zögern zugestimmt. Du darfst deinen Hund behalten. Zumindest zur Probe. Wie die ausgeht, liegt jetzt an dir.“

Wie immer, wenn er überwältigt war von Freude und Überraschung, blieb Mike stumm. Aber das fiel nicht auf, denn die anderen schrien vor Begeisterung um so lauter. So laut, daß sie fast das Telefon überhört hätten. Ben lief hinaus und nahm ab. Gleich darauf erschien er wieder. Er sah nicht besonders glücklich aus.

„Es ist der Ochsenfrosch, Paps. Ich glaube, er will uns wieder jemanden zum Arbeitsdienst schicken!“

Tonja rollte die Augen zur Decke. „Muß das sein? Es war gerade so gemütlich.“

„Ach was“, sagte Spinne vergnügt und nahm sich die dritte Portion Lasagne. „Das schaffen wir schon.“